MISSA MYSTICA

Spiritualität und Kunst
in Russland

Norbert Kuchinke
Irenäus Totzke
Nikolaj Berdjajew

MISSA MYSTICA

Spiritualität und Kunst
in Russland

Kreuz

Eine Produktion von
EMB-Service für Verleger, Luzern

© 2003 EMB-Service für
Verleger, Luzern

© 2003 für die deutschsprachige
Ausgabe:
Kreuz Verlag GmbH & Co. KG
Stuttgart
Ein Unternehmen der
Verlagsgruppe Dornier
www.kreuzverlag.de

Gestaltung:
Franz Gisler, Luzern

Umschlaggestaltung:
Bergmoser+Höller Agentur,
Aachen

Index:
Christina Callori di Vignale,
Freiburg

Satzherstellung:
EMB-Service für Verleger, Luzern

Reproduktion:
sfera international, Mailand

Druck und Einband:
Milanostampa, Farigliano, Italien

Printed in Italy
ISBN 3 7831 2282 1

Seiten 2/3:
Der große russische Dichter
Dostojewski über die russischen
Mönche: Es gibt so viele unter
den Mönchen, die fromm und
demütig sind, die nur nach
glühendem Gebet in der Stille
dürsten und von denen
vielleicht einmal die Rettung
des russischen Volkes
ausgehen wird.

Rechts: Holzkirchen auf der
Insel Kischi in Nordrussland,
erbaut im 18. Jahrhundert.

INHALT

VORWORT

Auf meinen vielen früheren Reisen durch die Sowjetunion, durch Russland habe ich immer versucht, Spuren des „alten", des „heiligen", des „spirituellen" Russland zu finden, dessen Menschen – wie kaum in einem anderen Land – sich so mit der orthodoxen Religion identifiziert haben. Ich habe viele physische und geistige Spuren gefunden. Nur waren sie alle in einem schlechten Zustand und sollten – das war die Absicht der roten Ideologen im Moskauer Kreml – irgendwann ganz zerstört werden. Für Sie war getreu ihres Ideenvaters Karl Marx die Religion nur Opium für das Volk und die Gebäude waren in der Regel nur Relikte einer vergangenen Zeit. Die Diktatur des Proletariats hatte nur ein irdisches Fundament: das Paradies auf Erden, aus dem allerdings nur ein Jammertal wurde. Die Menschen wurden doppelt betrogen – kein Paradies auf Erden und kein Paradies im Himmel. Die für die Russen künstliche Ideologie des Kommunismus' wurde nach über siebzig Jahren wieder abgeschüttelt und in die Geschichtsbücher verbannt.

Die Russen kehrten zu ihren über 1000 Jahre alten Wurzeln zurück: zu ihrem alten russisch-orthodoxen Glauben.

Doch der Glaube ist nicht abstrakt – vor allem nicht für die Russen. Um ihn zu leben, brauchen die Russen ihre Kirchen, ihre Ikonen, ihre liturgischen Gesänge. Sie brauchen auch ihre Klöster mit Nonnen und Mönchen, zu denen sie in Scharen pilgern, um inbrünstig mit den verehrten Frauen und Männern, die ihr Leben dem Erlöser hinter Klostermauern gewidmet haben, zu Gott und den Heiligen zu beten und Opfer zu bringen, damit ihre Sünden vergeben werden, der Herr ihnen gnädig sei und nach dem Tod ihnen die Himmelspforte öffnen möge.

Dafür haben die Russen nach ihrer politischen Wende viel getan und Opfer gebracht. Denn ihr religiöses Leben war unter den Kommunisten ein Trümmerhaufen. Die meisten Kirchen waren entweder Ruinen oder zu Produktionsstätten und Lagerhallen umfunktioniert worden. Von den einstmals über 1000 Klöstern in Russland waren gerade mal zwei noch geöffnet. Heute leben wieder in fast 600 Klöstern Nonnen und Mönche.

Tausende und Abertausende Gotteshäuser in Städten und Dörfern wurden den orthodoxen Gemeinden übergeben. Selbst die Ärmsten der Armen spendeten Rubel für den Wiederaufbau ihrer Kirchen und Klöster. In Moskau zum Beispiel gab es während der Herrschaft der Atheisten nur 46 „arbeitende" Kirchen, heute werden bereits wieder in über 500 Kirchen Gottesdienste gefeiert; vor der Revolution hatte Moskau über 1000 orthodoxe Kirchen.

Die Hoffnung von Millionen Russen ist die russisch-orthodoxe Kirche und ihr eigener wieder gefundener Glaube. Gäbe es beides nicht, dann gäbe es in Russland wohl flächendeckend nur noch menschlichen Unrat, von dem die westliche Presse fast ausschließlich berichtet: von Korruption, von Prostitution, von Mord, von Krieg, von reichen Russen, die ihr vieles Geld zu Hause und im Westen verprassen und anlegen. Ich will nichts verharmlosen, dieses gibt es im heutigen Russland – und nicht zu gering. Gäbe es aber nur dieses Szenarium, das sich so fassbar, so aufregend schildern lässt, dann hätte ein Bürgerkrieg, eine neue blutige Revolution Russland und die Welt schon erschüttert.

Russland indes besteht, wenn ich es vereinfacht und kontrastreich formuliere, aus einem „sündigen" und einem „heiligen" Teil. Der kleinere „sündige" Teil steht mehr im Mittelpunkt und verfälscht optisch den Anteil in der Gesellschaft. Die „heilige" Mehrheit in den Weiten Russlands lebt still und ruhig, aber nicht ganz ohne Einfluss auf das

Geschehen im heutigen Russland. Für den Dichter und Seelenkenner Dostojewski, der wie kein anderer seine Landsleute in der Tiefe ihres Herzens erkannt und beschrieben hat, sind die Russen ein „Gott tragendes" Volk, das opferfähig und gutmütig, das genügsam und leidensfähig ist, das dem materiellen Wohlergehen in seiner Lebens- und Glaubensphilosophie nie vordere Plätze zugewiesen hat. Diese Erkenntnisse habe ich auch gewonnen. Ich kenne die Russen aus der physischen und geistigen Nähe seit über 30 Jahren. Ich lebe unter ihnen, beobachte und beschreibe sie. Doch Fehler im Urteil, in der Einschätzung von Menschen, zumal den rätselhaften Russen, ergeben sich zwangsläufig. An Russland muss man vor allem glauben.

Der praktizierte Glaube der Russen ist für westliche Menschen zu bewundern. Ich habe an vielen Gottesdiensten in Moskau, in Dörfern und Klosterkirchen teilgenommen. Die russischen Gläubigen müssen in ihrer Kirche stehen. Sitzbänke gibt es nicht. Normale Gottesdienste dauern etwa zwei Stunden, an Feiertagen wie Ostern oder Weihnachten vier bis fünf Stunden. In Klosterkirchen feiern Mönche die Auferstehung oder die Geburt Christi bis zu acht Stunden. Gerade diese monastischen Kirchen sind überfüllt und die Gläubigen „ertragen" die vermuteten Strapazen mühelos. Die Gläubigen müssen wohl in eine religiöse Ekstase geraten, war meine Vermutung. Ein russischer Priester belehrte mich: Nein, das sei die russische Spiritualität, das intensive, tief erlebte Gebet.

In einer Klosterkirche habe ich versucht, mich wenigstens zwei Stunden lang auf den Gottesdienst stehend zu konzentrieren. Es fiel mir physisch und geistig schwer. Der Rücken zwickte, ich wippte von einem Bein auf das andere. Die Gedanken wanderten überall hin, obwohl der Gottesdienst mit seinen herzzerreißenden melancholischen Gesängen die Zeit schneller „Vergehen" lässt. Ein deutscher Freund, ein ans Sitzen gewöhnter Banker, verließ schon nach zwanzig Minuten die Kirche, weil er meinte, nicht mehr stehen zu können.

Die Seele der russischen Gläubigen wird in der Kirche mehrfach bedient. Über das Ohr empfängt sie die Gesänge, über das Auge das „Gebet in Farbe" (die Ikone), über die Lippen das Gebet.

Als ich 1973 mit meiner Familie über Polen, Weißrussland nach Moskau, der Hauptstadt Russlands und der damaligen Sowjetunion, fuhr, um dort als Spiegel-Korrespondent zu arbeiten, war mir bewusst, dass ich vor Ort über ein Land berichten werde, das eine extreme Geschichte erlebt hat und erleiden musste. Und dass die Diktatur des Proletariats, die das Paradies auf Erden errichten wollte, ein Gefängnis für Millionen Menschen war und eines Tages scheitern wird.

BEGEGNUNG ZWEIER WELTEN

Norbert Kuchinke

Das Bewusstsein für die politischen Unterschiede in Ost- und Westeuropa hatte ich schon in meiner Vergangenheit schärfen können. Als Kind lebte ich in Niederschlesien (Riesengebirge). Nach dem Krieg 1945 wurden die Deutschen mehrheitlich aus Schlesien vertrieben. Schlesien wurde polnisch. Mein Vater, der Bergmann war, musste mit seiner Familie bleiben – auch anderen deutschen Arbeitern erging es so – und als „Arbeitsgefangener" im Bergbau für einen Hungerlohn den Plan erfüllen, weil die Polen, die ihrerseits von den Sowjets aus ihren Ostgebieten nach Schlesien vertrieben wurden, überwiegend Landarbeiter waren und erst den Beruf des Bergmanns erlernen mussten.

1945 war ich fünf Jahre alt und merkte, dass in meinem Dorf Schwarzwaldau nicht mehr nur Deutsch, sondern auch Polnisch, Russisch und Ukrainisch gesprochen

wurde. Als ich mit sieben Jahren eingeschult werden sollte und schon ein bisschen Polnisch sprach, erklärten mir meine Eltern, dass dies nicht möglich sei, weil die deutschen Kinder vorerst keine Schule besuchen durften; die politischen Hintergründe habe ich erst später verstanden. 1950 wurde ich dann in einer polnischen Schule mit deutschsprachigem Unterricht aufgenommen, die für Kinder der deutschen Bergarbeiter zugelassen worden war.

Es war eine Welt der Gegensätze – für die Kinder wie für die Eltern. Zu Hause wurde Deutsch gesprochen, auf der Straße vor allem Polnisch, aber auch Russisch und Ukrainisch. Im Elternhaus wurde der christliche Glaube vermittelt, draußen und in der Schule sollten die katholischen Polen und wir wenigen Deutschen das ABC des Marxismus-Leninismus erlernen und zu bewussten Proletariern erzogen werden. Widerwillig und nur rein äußerlich haben die Dorfbewohner die fremde Ideologie akzeptieren müssen, die Seelen jedoch wurden nie bekehrt – auch meine nicht. Dabei geholfen hat ein Benediktiner-Mönch aus der Abtei Grüssau, einem Nachbarort. Der gebürtige Südtiroler Pater Nikolaus von Lutterotti, der als italienischer Staatsbürger nicht wie seine deutschen Mitbrüder im Kloster vertrieben werden durfte, hat den katholischen Kindern bei meinen Eltern in der Küche, in der Kirche wurde es nicht erlaubt, die einfachsten Grundsätze der Religion und des Glaubens überzeugend vermittelt. 1957, nach dem Aufstand in Ungarn und dem so genannten Tauwetter im Ostblock, durften die deutschen „Arbeitsgefangenen" im Bergbau dann in die Bundesrepublik ausreisen.

Auch in Deutschland haben mich die Themen Deutsche und Polen, Deutsche und Russen, Christentum und Kommunismus theoretisch und menschlich immer beschäftigt. Die Folgen des schrecklichen Krieges, der

Vorherige Doppelseite:
Josif Wolokolamskij-Kloster in
Wolokolamsk, 120 km von
Moskau entfernt.
Das Kloster wurde im frühen
16. Jahrhundert gegründet.

so unsagbares Leid über die Menschen, unabhängig ihrer Nationalität, gebracht hat, wollte ich mit meinen bescheidenen Mitteln überwinden helfen. Ich wollte zwischen den Völkern, die sich so misstrauisch begegneten und hassten, Brücken bauen. Die Gelegenheit bot sich mir: Als Journalist konnte ich begrenzt meine Mission erfüllen. Umso mehr als Korrespondent in Russland, in der Sowjetunion, dem diktatorischen Mutterland des Kommunismus. Mit der Erinnerung an die ost-westliche Jugendzeit, mit der Erfahrung in Westdeutschland war ich, so meine Vorstellung, darauf vorbereitet, mir einen objektiven und ehrlichen Eindruck vom größten Land der Erde zu verschaffen. Außerdem hatte ich viel über Russland und die Sowjetunion gelesen. Aber die Begegnung mit den Menschen im Land vermittelt ein anderes, ein eigenes Bild.

Mich interessierte und bewegte vor allem eine Kernfrage: Wie konnte ein Volk, das zu fast 100 Prozent knapp 1000 Jahre lang russisch-orthodox war, seinen christlichen Glauben, den es in mystischer Ekstase, mit extrem christlichen Riten von der Geburt bis zum Tod gelebt hatte, aufgeben und den Sozialismus mit seiner gottlosen und atheistischen Ideologie übernehmen. Mir war bewusst, dass die Bolschewiki nicht durch freie Wahlen, sondern durch eine brutale Revolution mit Millionen Toten an die Macht gekommen waren und die Menschen zur neuen Ideologie unter Androhung des Todes gezwungen haben. Ich wusste aber auch, dass ehemalige Christen, die gestern noch in der Kirche gebetet hatten, am nächsten Tag ihre Gotteshäuser zerstörten, plünderten und Geistliche, Mönche und Nonnen umbrachten. Ein Phänomen, das auch für die Russen bis zum heutigen Tag ein trauriges Rätsel geblieben ist.

Doch auch in den über siebzig Herrschaftsjahren ist es den Kommunisten in Russland nicht gelungen, aus den Russen und den vielen anderen Völkern der Sowjetunion glühende Atheisten und überzeugte Marxisten-Leninisten zu formen. Vielen Parteigenossen, die Mitglieder der Arbeiterpartei sein mussten, wenn sie Karriere machen wollten, habe ich ihre verbale Argumentation für das System nicht als Überzeugung abgenommen. Sie waren zum Teil so bibelfest und kannten sich in ihrer Religion und deren Geschichte so gut aus, dass ich meine berechtigten Zweifel an ihrem marxistischen Echtheitszertifikat hatte. Ein hoher russischer Diplomat und Freund sagte mir einmal augenzwinkernd, er sei ein von der Kirche getaufter Atheist der Partei.

Als Korrespondent in der Sowjetunion wollte ich, das war mein innigstes Anliegen, die „Reste" der Religion aufspüren und an die Worte des großen russischen Dichters Fjodor Dostojewski glauben, der sich ein atheistisches Russland, ein Russland der gottlosen Kommunisten auf ewig, nicht vorstellen konnte. „Das Volk ist gläubig in unserer Weise, und eine atheistische Kraft, mag sie noch so aufrichtigen Herzens, noch so genialen Geistes sein, wird bei uns in Russland nichts ausrichten. Das behaltet im Gedächtnis. Das Volk wird dem Atheismus begegnen und wird ihn bewältigen und wird das einige orthodoxe Russland bleiben. Schätzet das Volk und behütet sein Herz, ... denn dieses Volk trägt Gott im Herzen." Dem sensiblen Dichter und Kenner der brutalsten seelischen Exzesse der Menschen blieb es erspart, die Leiden der Russen und der anderen Völker im roten Imperium miterleben zu müssen. Wie sündhaft und abgründig schlecht Menschen sein können, das hat er in seinen Romanen ausgiebig beschrieben. Für die russischen Kommunisten galt die Maxime von Karl Marx, dem Urvater ihrer Ideologie, Religion sei „Opium des Volkes". Bis zur Revolution von 1917 hieß es in Russland:

Orthodox ist gleich russisch und russisch ist gleich orthodox. Das Ziel der Marxisten-Leninisten war die Devise der Zukunft: Kommunistisch ist gleich russisch und russisch ist gleich kommunistisch.

Nicht nur die Menschen sollten umgeformt, sondern auch die Städte und Dörfer umgebaut werden. Die roten monumentalen Kathedralen sollten die überall in Russland sichtbaren Gotteshäuser mit ihren vergoldeten und bunten Kuppeln verdrängen; statt der Kirchenglocken erklangen proletarische Kampflieder. Die Freiheit des Gewissens, also auch der Religion, die in der Verfassung jedem Bürger der UdSSR garantiert wurde, stand nur auf dem Papier. Die Praxis war ganz anders. Von den ehemals über 1000 Kirchen in Moskau zum Beispiel „arbeiteten" – so die offizielle Terminologie für Kirchen, in denen Gottesdienste abgehalten werden durften – nur noch knapp fünfzig. Von den ehemals über 1000 Klöstern, in denen in Russland Mönche und Nonnen lebten, waren nur zwei nicht geschlossen worden; in der gesamten Sowjetunion war die Zahl der Männer- und Frauenklöster auf zwanzig begrenzt worden.

Trotz Beschränkungen in allen Bereichen der Religionsausübung hielten die meisten Russen, wenigstens innerlich, am Glauben fest. Bibeln durften nicht gedruckt und verkauft werden, sie waren nur heimlich auf dem schwarzen Markt für viel Geld zu erhalten. Liturgische Gesänge, ein Reichtum russischer Seelenkraft, mystische Empfindungen und kompositorische Kreativität konnten die Russen nur in Kirchen, von denen es nur noch wenige gab, hören. Schallplatten mit orthodoxen Gesängen durften nicht verlegt werden, und religiös-philosophische Bücher waren verboten. Gerade aber die Verbote reizten viele Russen und auch mich, mehr und mehr über die „Geheimnisse" der russischen

Religion zu erfahren und zu erleben. Russland konnte man nur verstehen, wenn man auch seine vom orthodoxen Glauben geprägte Vergangenheit verstanden hatte und empfinden konnte, denn vieles von dieser vergangenen Prägung ist auch in das neue System eingeflossen, so zum Beispiel der Kult der Heiligen, der auf die roten Politgrößen übertragen wurde. Die Prozessionen mit Kreuzen und Ikonen, auf denen verehrte Heilige abgebildet waren, ersetzten die marxistischen Propagandisten mit Postern von Mitgliedern des Politbüros und trugen sie an Feiertagen wie zum Beispiel am 1. Mai durch die Straßen. Die gesungenen Gottesdienste in russischen Kirchen – vor allem die zelebrierten im Dreifaltigkeits-Sergij-Kloster in Sergijew Possad, vor den Toren Moskaus gelegen, haben mich fasziniert und regelmäßig Empfindungen hervorgerufen, die nur in mystischen Erlebnissen zu finden sind.

Die Pracht der alten Ikonen lässt nicht nur ihres künstlerischen Ausdrucks wegen die Augen vor Bewunderung feucht werden, sondern strahlt auch eine Geistigkeit aus, die das Gemüt beruhigt und entspannt. Die Doppelfunktion der Ikone – Kunstwerk und Kultbild zugleich – bestätigt meine Betrachtungen und Gefühle. Wobei die Abbildung auf der Ikone, anders als für einen einfachen gläubigen Russen, keine religiöse Bedeutung hat, nicht anbetungswürdig ist, sondern ein nicht vom Kopf gesteuertes Erlebnis von Schönheit, wahrer Einfachheit und Harmonie vermittelt. Für die großen und weltbekannten Maler der klassischen Moderne, wie Kandinsky, Malewitsch oder Jawlensky, war die alte Ikone Vorbild und geistig künstlerischer Ideengeber. Für die Kulturideologen der Sowjetunion, die den sozialistischen Realismus als einzige Kunstrichtung erlaubten, war die Ikone nur ein Relikt aus alten reaktionären Zeiten, die

lediglich in Museen und den wenigen Kirchen geduldet wurde. Ein Parteimitglied, das Ikonen gesammelt hätte, wäre aus der Partei ausgeschlossen worden und hätte damit auch seine Arbeit in einem Institut oder Ministerium verloren. Dass dies so war, wurde offiziell nie zugegeben.

Auch Berichte ausländischer Korrespondenten über die Kirche, über Klöster oder Gläubige versuchten die zuständigen Funktionäre zu verhindern. Mit Hartnäckigkeit und List konnte man dennoch sein Vorhaben durchsetzen. Als ich eine größere Reportage mit dem Titel: „Gott in Russland" schreiben wollte, winkten die Funktionäre im Presse- und Religionsamt erst einmal ab. Meine Argumentation, dass der Westen doch immer behaupte, in der Sowjetunion würde die Religion unterdrückt und Gott sei dort tot, könne doch mit dieser Reportage bewiesen werden, dass Gott doch existiere und die Religion, wenn auch bescheiden, lebe. Ich durfte mit Priestern reden und Klöster besuchen. Als ich dann noch unter dem selben Titel einen längeren Film drehen wollte, musste schon das ZK (Zentralkomitee) der Partei entscheiden. Auch hier erhielt ich nach längerem Warten und Argumentieren die Erlaubnis.

Die Türme der Mariä-Verkündigungs-Kathedrale im Moskauer Kreml, erbaut im 15. Jahrhundert. Über 200 Jahre lang war diese Kathedrale die Hofkirche der Zaren.

In einer Höhle begraben

Ich fuhr nach Nordrussland in das Höhlenkloster Pskow-Pjetschory. Dieses Kloster wurde bereits Anfang des 15. Jahrhunderts gegründet. An diesem für Russen „heiligen Ort" werden die Mönche nicht auf einem Friedhof, sondern in einer Höhle

In den Höhlen des Höhlen-Klosters von Pskow in Nordrussland, in denen die Mönche früher gelebt haben, werden die Klosterbrüder heute im „Brudergrab" beerdigt.

begraben. Das Mikroklima in den Bergstollen erlaube die Bestattung von Toten in der Höhle ohne jeglichen Leichengeruch. Auch nach dem Tod wird die Hierarchie im Kloster eingehalten. Für Äbte und Archimandriten sind besondere Plätze in den 300 Meter langen Höhlen mit sieben Gängen reserviert, sie werden einzeln beerdigt und bekommen eine Marmortafel mit Namen und Titel. Die einfachen Mönche werden in einer Seitenhöhle im „Brudergrab"

gemeinsam bestattet. Dort liegen die Särge längs und quer übereinander; über 600 Mönche haben dort ihre letzte Ruhestätte gefunden. Gottesdienste für die Toten werden in der Höhle selbst abgehalten. Vor der Revolution wurden im Höhlenfriedhof des Klosters nicht nur Mönche begraben, sondern es war eine begehrte Ruhestätte für den hohen Klerus und die weltliche Prominenz. Über zehntausend adlige Russen, reiche Kaufleute, ranghohe Militärs und edle Stifter sind in den Höhlen bestattet worden; die Sippe des berühmten Feldherrn Kutusow ist ebenso wie die des Poeten Puschkin in den Grabreihen vertreten.

In den russisch-orthodoxen Klöstern – wie auch im Höhlenkloster – ist der Grundgedanke des alten Mönchtums: Askese und Mystik, Meditation, Liturgie, Gebet und Arbeit erhalten geblieben. Die russischen Klöster kennen im Gegensatz zu katholischen (Benediktiner, Franziskaner, Jesuiten ...) nur einen Orden. In den orthodoxen Klöstern leben überwiegend Laienmönche, also Männer, die keine akademische Ausbildung haben und im katholischen Sinne gar nicht zu Priestern geweiht werden dürfen. „Das Wichtigste für einen Mönch ist, Gott zu dienen und die Gebote nach den Evangelien zu erfüllen. Christentum ist keine Theorie, Christentum ist das Leben", sagt ein junger Mönch und zitiert Matthäus: „Darum sollt ihr vollkommen sein, gleich wie euer Vater im Himmel vollkommen ist."

Für die Mönche im Kloster sind das Gebet, die Liturgie, das mystische Erlebnis mit Gott, die körperliche Arbeit, die Gemeinschaft mit den anderen Mönchen das Wichtigste in ihrem abgeschiedenen Leben.

Und dieses Leben in einem russischen Kloster ist hart. „Für einen Fremden mag das vielleicht ein harter Tag sein, für die Mönche ist das keine Arbeit, sondern Freude", frohlockt der Mönch. Neunzehn Stunden am Tag wird gebetet und gearbeitet. Das körperliche und meditative Tageswerk beginnt um fünf Uhr in der Frühe mit einem persönlichen Gebet, etwa dreißig Minuten lang. Um sechs Uhr gehen die Mönche in die Kirche

verstaatlichten Sowjetunion. Der größte Posten in der Klosterbilanz sind Spenden. Die Pilger, die vielen Gläubigen, die von nah und fern das Kloster jährlich besuchen, haben alle, obwohl selbst nicht vermögend, ein spendenfreudiges Herz. An

Priester und Gläubige nehmen Abschied von einem Toten und küssen seine Stirn.

zum Gottesdienst, der bis halb zehn Uhr dauert. Um zehn Uhr können die Mönche frühstücken. Wegen der kurz bemessenen Zeit kochen sich viele Klosterbrüder in der Zelle einen Tee und essen dazu einen Keks oder ein Stück Brot. Gleich danach geht es an die Arbeit. Denn die Mönche im Höhlenkloster von Pskow versorgten sich auch schon zu sozialistischen Zeiten mehr oder weniger selbst. Sie lebten wirtschaftlich in einer privaten Oase, mitten in der

hohen Feiertagen kommen oft über 50 000 Menschen in das abgelegene Kloster, die nicht nach Hause fahren, ohne ein finanzielles Opfer gebracht zu haben. Bittgebete für Verstorbene, Kranke oder Verwandte, die Gläubige bei den Mönchen schriftlich bestellen und im Gottesdienst dann verlesen werden, füllen ganz erheblich die Rubelkasse des Klosters, viele Gläubige vererben zudem ihr ganzes Geldvermögen dem Kloster.

Der alte Friedhof des Donskoj-Klosters in Moskau,
auf ihm wurden über Jahrhunderte prominente
Russen begraben.

Folgende Doppelseite:
Das Höhlen-Kloster im nordrussischen Pskow. Hier
lebten auch zu sowjetischer Zeit Mönche im Kloster.

In der Fastenzeit, und die Mönche fasten über das Jahr gerechnet sechs Monate, dürfen die Mönche – von den Gläubigen vertraulich Batjuschki (Väterchen) genannt – auch keine Milchprodukte wie Butter oder Käse essen. Fleisch darf im Kloster überhaupt nicht serviert werden. Die Milch von den Klosterkühen wird in der Fastenzeit verkauft und an Arme verteilt. Mit dem Verkauf von Kerzen aus Bienenwachs, Büchern, Kreuzen, kleinen Ikonen, die in den Werkstätten der Kirche hergestellt werden, bessern die Mönche ihre Klosterkasse auf.

Das Wasser holen sich die Mönche aus dem Boden unter dem Kloster, elektrischen Strom produzieren sie mit eigenen Dieselmotoren, der große Küchenofen wird mit Holz geheizt, das die Batjuschki im Wald selbst gefällt, zersägt und zerhackt haben. Stolz erzählt der Abt, dass das Kloster immer einen Holzvorrat für drei Jahre habe. Alle Arbeiten im Kloster – ab und zu helfen Pilger – werden von den Mönchen selbst erledigt.

Deshalb auch ist die Arbeit im Kloster bis ins Detail durchorganisiert. Disziplin und Gehorsam sind oberstes Gebot. Die Anweisungen und Befehle des Abtes werden unwidersprochen hingenommen, nie werden sie diskutiert oder in Frage gestellt. Kein Mönch, ob mit Volksschulabschluss oder einem Universitätsexamen, darf sich für irgendeine Arbeit zu schade sein. Er kann heute den Kuhstall ausmisten, Kohle in den Keller schippen oder in der Küche Kartoffeln schälen, morgen aber in der Bibliothek aushelfen oder Pilgern fromme Ratschläge geben – er muss für jede Arbeit zur Verfügung stehen. Spezialisten im Kloster, wie Ingenieure, Ärzte, Veterinäre, Übersetzer oder Philologen, haben täglich ihren festen Aufgabenbereich und können trotzdem für alle anderen Arbeiten herangezogen werden. Der Abt: „Jeder Mönch soll innerlich

bereit sein, jede Arbeit zu verrichten." Mönche, die Kohle geschippt, einen Lastwagen repariert oder in der Schmiede gearbeitet haben, kommen pünktlich um 14 Uhr zum Mittagessen ins Refektorium, den Speisesaal der Mönche, und sitzen dann verschwitzt und abgearbeitet in Arbeitskleidung neben den Akademikern mit feingliedrigen Händen in gepflegten Kutten. Aber auch diese können schon am nächsten Tag für schwere physische Arbeiten eingesetzt werden.

Das Mittagessen dauert nur etwa eine halbe Stunde. Vor dem Essen wird gebetet und gesungen, nach dem Essen ebenfalls. Während die Mönche wortlos speisen, liest einer von ihnen Geschichten aus dem Leben von Heiligen vor. In der halben Stunde werden drei Gänge serviert: eine Suppe, ein Hauptgericht und eine kleine Nachspeise mit Tee. Das Hauptgericht ist immer Fisch in den verschiedensten Variationen, mal gebacken, mal gekocht, mal gebraten; in der darauf folgenden Woche wird einfach die Reihenfolge geändert.

Nach dem Essen geht es wieder an die Arbeit, oder es wird gebetet. Die Klosterordnung schreibt vor, dass jeder Mönch täglich drei Stunden lang nach der „Zellenregel" zu beten hat. Die Zeit teilt er sich selber ein, bestimmt aber nicht, welche Gebete er verrichtet. Das Pensum und die Gebete sind vom Kloster vorgeschrieben und einzuhalten. Der Rosenkranz mit hundert Knoten ist fünfmal zu beten, und immer wieder ist folgendes Gebet zu wiederholen: „Herr Jesus Christus, Gottessohn, erbarme Dich des armen Sünders." Für ein Rosenkranzgebet werden durchschnittlich fünfzehn Minuten gebraucht, mal fünf macht insgesamt fünfundsiebzig Minuten. Als ich mit einem Batjuschka die genaue Minuten- und Stundenzahl der Zellenregel ausrechnen will, schaut er mich verwirrt an und sagt sich wohl: Wir

Ein Schimnik im Höhlenkloster von Pskow. Der Mönch-Schimnik lebt besonders asketisch und ernährt sich fast nur von Brot und Wasser.

Folgende Doppelseite:
Im Hof des Höhlenklosters in Pskow stapeln Mönche das Holz, das sie vorher im Wald geschnitten haben. Das Kloster wird nur mit Holz beheizt.

stellen doch hier keinen Plan für einen Akkordlohn in der Fabrik auf. Ich dürfe die Zeit für die Gebete nicht so statisch und programmiert sehen. „Ein Mönch, der nur betet, um die Zellenregel erledigt zu haben, der betet – im Sinne des Gebets – gar nicht. Ein Mönch muss immer beten, für sich, für andere, vierundzwanzig Stunden lang", belehrt mich der Batjuschka.

Ein Mönch-Glöckner im Höhlenkloster von Pskow. In russischen Klöstern werden die Glocken kunstvoll von Mönchen geläutet.

Mehrere Mönche im Kloster, die sich Schimniki nennen und die nach strengsten Ordensregeln und Askese leben, beten am Tag und in der Nacht sogar achtzehn Stunden lang in ihrer Zelle und in einer abgeschiedenen Kapelle. Sie nehmen am üblichen Klosterleben kaum teil, reden wenig oder gar nicht mit ihren Brüdern. Die Schimniki, die in der Abgeschiedenheit des Klosters noch mehr als die anderen in der Stille zurückgezogen leben, gehen selten ins Refektorium zu gemeinsamen Mahlzeiten und ernähren sich fast nur von Brot und Wasser.

Um 18 Uhr rufen die Klosterglocken zum Abendgottesdienst, der drei bis vier Stunden dauert. Ab 22 Uhr gibt es das Abendessen, an dem nicht alle Mönche teilnehmen. Ihren Hunger und Durst haben sie schon

vorher mit Wasser oder Tee, einem Stück Schokolade oder einem Kanten Brot gestillt. Manche Brüder, viele kommen aus russischen Dörfern, laufen auch schnell mal in den Kuhstall, wenn sie Appetit auf ein Glas frische Kuhmilch haben.

Auch mir wurde frisch gemolkene Milch angeboten. Da ich diese Milch nur als Junge getrunken und nicht in allzu guter Erinnerung habe, erfand ich eine Ausrede, um die Mönche nicht zu beleidigen. Ich schob den empfindlichen Magen für das ungewohnte Getränk vor, aber das wurde nicht akzeptiert. Dann fielen mir radioaktive Strahlen ein, die schon in Milch festgestellt worden seien, auch dieser Einwand wurde abgelehnt. Der Melker-Mönch meinte ernsthaft: „An unser Kloster lässt der liebe Gott kein Gift und keinen Dreck heran." Darauf hin habe ich die Milch getrunken.

Gegen 23 Uhr sind dann alle Mönche in ihrer Zelle, einige legen sich gleich schlafen, andere, die am Tag das dreistündige Gebetspensum nicht geschafft haben, erfüllen noch ihre monastischen Pflichten. Die Nacht indes ist schnell vorbei. Um fünf Uhr morgens holen die Klosterglocken die Mönche wieder aus dem Bett.

Morgens und abends je drei bis vier Stunden Gottesdienst ist nur für die Wochentage vorgesehen, an Sonntagen sind es schon über fünf Stunden. An den hohen und höchsten Feiertagen wie Weihnachten, Ostern oder dem Namenstag des Klostergründers dauert ein Gottesdienst im Höhlenkloster sieben bis acht Stunden. Diese für westliche Besucher außergewöhnliche Strapaze stehen nicht nur die Mönche durch, sondern auch die Gläubigen, die an diesen Feiertagen zu Tausenden ins Kloster kommen. Sie stehen die ganzen Stunden. Denn in russischen Kirchen gibt es keine Sitzbänke, die nur vom Gottesdienst ablenken und die Konzentration stören.

STALINS KOCH WIRD MÖNCH

Auf einen nicht mehr ganz jungen Novizen haben mich Mönche aufmerksam gemacht. „Unter uns lebt", sagten sie leise und geheimnisvoll, „der ehemalige Koch von Stalin." Ich wollte es zuerst nicht ganz glauben, denn es war für mich unvorstellbar, dass der ehemalige Koch des Diktators in ein Kloster eingetreten sein sollte. Sofort hatte ich intuitiv ganz bestimmte Vorstellungen von so einem Menschen. Ein überzeugter Stalinist also. Ein in der Wolle gefärbter Kommunist und Atheist. Ein vom Staatssicherheitsdienst als unbedingt zuverlässig eingestufter Gläubiger des Regimes. Diesen Koch von Stalin und jungen Novizen wollte ich unbedingt sprechen und kennen lernen. Auf dem Klosterhof sei er am ehesten anzutreffen, am großen Tor zu den Wirtschaftsgebäuden habe er Dienst, sagten mir die Mönche. Dort arbeitet er als Pförtner, öffnet und schließt das Tor, wenn die Pferdewagen, ein Laster oder ein Personenwagen die Einfahrt passieren. Im Winter, ich war dort, als viel Schnee gefallen war, schippt er mit einer Schaufel die Wege frei. Ansonsten aber hat er auf seinem Posten wenig zu tun. Er spaziert in seiner Mönchskutte, darüber trägt er eine dicke Wattejacke, im Klosterhof auf und ab und füttert Vögel, die aus seiner Hand Sonnenblumenkerne picken. Die vertrauten Beziehungen zwischen dem Menschen und den Vögeln, die wohl instinktiv spüren, dass der Klosterbruder mit dem Futter in der Hand ein Freund der Tiere sei. Den Mönch mit dem dichten silberbraunen Bart und den gütigen Augen habe ich angesprochen, und wir haben belanglos erst einmal über die Vögel, den Winter, den Schnee und das schöne Kloster geredet. Er erzählte, dass die Vögel nicht gleich gekommen seien und das Futter auf seiner Hand gepickt hätten. Sie seien misstrauisch um die Leckerbissen geflogen, um die guten oder schlechten Absichten des Menschen zu testen.

Als sie dann gemerkt hätten, dass er ein Freund sei, wären sie bedenkenlos auf seine Hand geflogen.

Dieser gütige Mann soll bei Stalin gearbeitet haben? Vielleicht auch will er im Alter für irgendwelche bösen Taten Buße tun?, ging es mir durch den Kopf. Aber erst einmal wollte ich von ihm bestätigt haben, ob er denn der ehemalige Koch von Stalin sei. „Ja, das stimmt", war seine knappe Antwort. „Und woher weißt du das", wollte er wissen. Diese Geschichte pfiffen doch schon seine geliebten Vögel von den Dächern, sagte ich scherzhaft. Die Antwort reichte ihm wohl. „Aber über Stalin erzähle ich nichts, das sollst du gleich wissen, ehe du anfängst zu fragen", wehrte er ab.

Nachdem wir uns immer wieder auf dem Klosterhof begegnet waren und freundlich begrüßt und ein bisschen geplaudert hatten, machte er mir nach Tagen den Vorschlag, ihn in seiner Zelle zu besuchen, er könne mir einiges erzählen. Später gestand er, dass er sich für dieses Gespräch die Genehmigung und den Segen seines „geistlichen Vaters" im Kloster eingeholt habe.

Die Zelle vom Mönch Georgij ist dunkel und klein. Darin stehen ein Bett, ein Tisch und ein Schrank. In der „schönen Ecke", auch stille Ecke genannt, hat er sich ein kleines Altärchen aufgebaut, auf dem buntgemischt allerlei Heiligenbildchen aus Papier und Pappe stehen. Er fängt an, nachdem ich ihn darum gebeten hatte, über sein Leben zu erzählen. „Dich interessiert wahrscheinlich, wie ich ins Kloster gekommen bin. Ich war mein ganzes Leben gläubig und bin immer in die Kirche gegangen. Meine Mutter und mein Vater, die im Kirchenchor gesungen haben, waren schon gläubig, meine Großeltern selbstverständlich auch. Im alten zaristischen Russland gab's ja fast nur Gläubige. Mein Vater war ein armer Bauer, mit ein bisschen Acker und wenig Vieh.

Ich hatte noch sieben Geschwister, die alle tot sind. Damals schon, ich war noch jung, hatte meine Tante prophezeit und zu uns Kindern gesagt, dass einer von uns übrig bleiben und für uns alle beten würde. Das bin ich also – im Kloster", sagt er zufrieden.

Mönch Georgij, Sohn armer Bauern, hat schon mit zwölf Jahren in Küchen gearbeitet. Während des Krieges war er Koch an der Front und ist für gute Leistungen mit einigen „vaterländischen Orden" ausgezeichnet worden. Nach dem Krieg machte der gläubige Koch, der nie in der Partei war und auch nie eintreten wollte, „weil das mit meinem christlichen Glauben nicht zu verein-

Stalins Koch, der im reifen Alter Mönch wurde, reinigt den Klosterhof von Schneemassen.

baren gewesen wäre", Karriere in der Küche des mächtigsten Mannes der Sowjetunion. Er wurde Chefkoch auf Stalins Feriendatscha in Sotschi am Schwarzen Meer. Unter seiner Leitung arbeiteten noch fünfzehn Köche.

Dass der Antichrist Stalin einen praktizierenden Christen in seiner nächsten Nähe akzeptierte, konnte ich mir schwerlich vorstellen. Mönch Georgij: „Stalin war bekannt, dass ich gläubig bin und meinen Glauben sehr ernst nehme, das habe ich ihm ja ganz persönlich gesagt." Und wie habe Stalin reagiert? „Ist schon gut, mein Junge, glaub' nur weiter." Auch die anderen hohen Funktionäre, Referenten und Sicherheitsbeamten um Stalin hätten gewusst, dass er gläubig sei. Auch äußerlich sei das zu sehen gewesen. Oft hätten sie gemeinsam im Schwimmbad von Stalins Datscha gebadet und die Kette mit dem Kreuz an seinem Hals gesehen. „Als Stalin eines Sommers hohe Gäste aus den USA auf seiner Datscha zu Besuch hatte", erinnert sich Mönch Georgij, „bekam ich den Befehl, die Amerikaner in die russisch-orthodoxe Kirche zu begleiten. Stalin hat das selbst befohlen."

Vielleicht auch habe der misstrauische Stalin, der in seiner Jugendzeit eine Seminarschule besucht hat und Priester werden wollte, einem Gläubigen mehr vertraut als einem Parteigenossen?, bohrte ich weiter. Georgij: „Das weiß ich nicht, darüber habe ich mir auch keine Gedanken gemacht. Und im übrigen haben wir darüber schon genug gesprochen. Über Stalin kein Wort mehr", wollte er schnell das Thema beenden. Zum Abschied umarmte mich Bruder Georgij, küsste mich nach alter russischer Sitte dreimal auf die Wangen und schenkte mir ein kleines Kreuz: „Damit wir uns als Christen – du in Deutschland und ich in Russland – aneinander erinnern und für uns und andere beten", war sein Wunsch.

GEMALTES GEBET

In dem nordrussischen Höhlenkloster wird eine alte russische Klostertradition, die Ikonenmalerei, fortgeführt. Mönch Simon, der Ikonen malt, sei derzeit der beste Ikonenmaler in ganz Russland, verbreiten seine Konfratres im Kloster. Auf ihn sind sie regelrecht stolz. Denn Mönch Simon umwerben auch die Äbte anderer Klöster in Russland. Selbst das Kloster aller Klöster mit dem Patriarchen als Abt wollte auf die Malkünste des Paters nicht verzichten. Doch in dem berühmten Dreifaltigkeits-Sergij-Kloster in Sergijew Posad, vor den Toren Moskaus gelegen, behagten dem ruhigen und in seine Malerei vertieften Mönch die Hektik, die Betriebsamkeit nicht. Er kam sich im Rummel und Rampenlicht einsam vor, seine malerischen Visionen, seine von „Gott geschenkten Gaben" verkümmerten. Nach einem kurzen Intermezzo in der Ferne kehrte er wieder ins Höhlenkloster zurück.

Der Abt des Klosters ließ dem malenden Mönch ein Häuschen auf dem Klostergebäude bauen. Auf dem Berg, mit dem Blick über die vergoldeten und farbigen Kuppeln der Kirchen, wurde ein Datscha-ähnliches Holzhaus errichtet. Ein geräumiges Atelier, etwa fünfzig Quadratmeter groß und mit einer reichhaltigen Bibliothek, steht ihm jetzt zur Verfügung. In den Regalen stehen vor allem Bücher über Ikonen, Religion und Religionsphilosophie, die er sich überwiegend privat besorgt hat.

Das Atelier ist karg eingerichtet. Eine Staffelei, ein Marmortisch und eine Holzbank stehen darin. Auch der Malermönch hat eine „schöne Ecke", vor der er seine täglichen Gebete verrichtet. Nur die Ikonen, die dort hängen, sind nicht einfach nur Ikonen, also „nur" Kultbilder wie bei den anderen Mönchen in der Zelle, sondern auch künstlerisch wertvolle Werke aus dem 16. und 17. Jahrhundert. Zwischen Atelier und Mönchszelle steht ein wuchtiger

Kachelofen, der mit Holz und Kohle gefeuert wird und das Holzhaus im kalten Norden, wo das Thermometer oft auf minus vierzig Grad fällt, wärmt.

Gegen Mitternacht, die anderen Mönche schliefen schon, sind wir, ein russischer Freund und ich, zu Simon gegangen und haben bei ihm bis spät in die Nacht hinein gesessen und seinen Erzählungen – wie Kinder einer Märchenstunde lauschen – zugehört. Auch er steht wie alle anderen Mönche um fünf Uhr morgens auf, ihm aber reichen zwei bis drei Stunden Schlaf.

Bei diesen Gesprächen über Ikonenmalerei, das Mönchtum und das Gotterlebnis (Simon: „die Welt wird nur so lange existieren, wie Menschen für sie beten") beeindrucken mich der Batjuschka und die natürliche, asketische Atmosphäre in dem schlichten Holzhaus. Auf dem Tisch standen brennende Kerzen aus Bienenwachs, aus dem Samowar, geheizt mit Kohle aus Birkenholz, wurde Tee eingeschenkt, dazu gab es im Kloster gebackene Plätzchen. Durch das Fenster, in dem sich das Kerzenlicht spiegelte, waren die dunklen Umrisse der Klosterkuppeln zu sehen. Ringsum Stille. Eine friedvolle Nacht, die auch ins Haus ihre Schatten wirft. Pater Simon liebt diese Stimmung. Selbst wenn er keine Gäste hat, sitzt er allein bei Kerzenlicht, schaut aus dem Fenster und in sich hinein. Wenn er müde wird, legt er sich einfach auf die Holzbank im Atelier und schläft, die Kerzen brennen weiter.

Was der Mönch tut, überzeugt. Was er sagt, ist glaubwürdig. Sein Hang zur seelischen Stimulation durch äußerliche Attribute ist nicht sentimental. Er braucht sie für sein persönliches mystisches Erlebnis. Pater Simon ist Mönch, Ikonenmaler und Künstler in dieser Reihenfolge. Die religiöse Bedeutung der Ikonen, Bestandteil des russischen Glaubens und der feierlichen Liturgie in der

Oben: Auf der schematischen Zeichnung der Ikone von gegenüber wird durch Pfeile auf drei epische Perspektiven hingewiesen. Der Fluchtpunkt von Pfeil 1 weist durch die Mitte des Bildes auf den segnenden Christus in der Aureole oben. Pfeil 2 geht vom rechten Bildrand über den Kopf des Märtyrers rechts außen zu den Märtyrerkronen. Pfeil 3 beginnt am linken Bildrand unten und folgt dem in die warme Badestube Fliehenden.

Seite 31: Die vierzig Märtyrer von Sebaste, Nowgoroder Schule, frühes 16. Jahrhundert, Tretjakow-Galerie, Moskau.

Während der Christenverfolgung im 4. Jahrhundert wurden vierzig kappadokische Soldaten, die ihrem Glauben an Christus nicht abschwören wollten, dadurch zum Tode verurteilt, dass sie eine Nacht in eiskaltem Wasser zubringen mussten. Als der wachhabende heidnische Offizier sah, dass nur ein einziger von ihnen in die warme Badestube flüchtete, wo er sogleich tot umfiel, stellte er sich zu den christlichen Märtyrern und erwarb sich dadurch auch eine Märtyrerkrone. Die Ikonographie der vierzig Märtyrer geht auf byzantinische Darstellungen zurück; das Bildmotiv erfreute sich in Russland großer Beliebtheit. Um jeden einzelnen der todesmutigen Christen im Bild darzustellen, wurden die Köpfe übereinander gemalt, was als „umgekehrte Perspektive" oder auch als „optische Perspektive" bezeichnet wird. Auf dieser Ikone wird der Vorgang des Martyriums bis in Einzelheiten „erzählt", deshalb spricht man von „narrativem" Stil.

Gegenüber: Heiliger Georg, der Drachentöter, russisch, 16. Jahrhundert, Privatbesitz.

Der heilige Georg wird in Russland als Sieger, als der Unbesiegbare sehr verehrt. Georg tötet auf dem Bild den Drachen, der von der Königstochter an einem Faden durch das Stadttor geführt werden soll. Eine Hand aus dem Himmel setzt Georg die Siegeskrone auf. Mutter, Vater und Angehörige schauen der Szene aus den Türmen zu. Als geistlicher Held, der Gefahren jedweder Art abwendet, hat der heilige Georg einen vorderen Platz unter den Heiligen Russlands. Denn er hilft den Menschen vor allem auf dem Lande überall: Beim Roden der Wälder, er beschützt das Vieh, vereitelt Sturm und Hagel, bewahrt die Menschen vor sündhaften Handlungen. Der heilige Georg gilt als Fürsprecher des Volkes, als Verteidiger seiner Feinde und Schlichter von Zank und Zwist.

Kirche, hat er als Mönch und Priester zu verstehen gelernt. Simon: „Die Ikone ist ein vergegenständlichtes, gemaltes Gebet." In der Ikonenverehrung komme das tiefe geistliche Band zwischen der irdischen und himmlischen Kirche, zwischen dem Menschen, Gott und seinen Heiligen zum Ausdruck. Über die Ikone werde nicht nur das Vorbild verehrt, sondern es werde auch ein privates oder gemeinschaftliches Gebet verrichtet. Durch die Ikone bekomme der Betende Gnade, geistliche Hilfe und Heilung, davon ist Simon fest überzeugt.

Die ersten Ikonenmaler in Russland waren Mönche, die in Askese lebten und die Ikonenmalerei als Gottesdienst und Gebet empfanden. Mönch Simon setzt diese Tradition fort und akzeptiert die Ansprüche, die früher an einen Maler von Ikonen gestellt wurden: Der Maler solle friedliebend, demütig und fromm sein. Zu seinem eigenen Heil solle er die Reinheit der Seele und des Leibes bewahren. Dass der Maler künstlerisch begabt sein musste, verstand sich von selbst.

Als Vorlage für die Ikonenmalerei benutzt Simon alte Malbücher, Texte über Heilige oder Festtage der Kirche. Die Ikone – aus dem Griechischen Eikon (Bild) abgeleitet – malt er dann nach alten Regeln, die einen theologischen Sinn beinhalten, aber trotzdem künstlerische Empfindung und Phantasie zulassen und erfordern. Im Aufbau des Bildes hält er sich an die alten Regeln, die einen theologischen Sinn beinhalten.

Zuerst trägt er auf das präparierte Brett die dunklen Farben auf, dann die hellen. Das Helle, gleich das Göttliche. Das Dunkle, gleich das Finstere. Auch das benutzte Holz, die Farben oder das Gold werden religiös gedeutet. Das Holz ist Symbol des Lebensbaumes und Paradieses, die Farben aus Mineralien und Ton, gebunden mit Eigelb, symbolisieren das Osterfest und die Auferstehung, das Gold ist Symbol für das Ewige. Befreundete Archäologen suchen für den Mönch in Flüssen, Teichen und Gebirgen nach natürlichen Farben, die in Steinen lagern. Novizen im Kloster und Kunstschüler zerreiben dann auf einem Marmortisch die Farbklumpen.

Während der Arbeit an einer Ikone versucht der Mönch und Maler, so wie es seine Vorfahren getan haben, zu fasten, zu beten und die Riten einzuhalten. Bereits die Pinsel, die Farben und die Bretter für die Ikonen werden geweiht. Die fertige Ikone, die für eine Kirche bestimmt ist, wird dann noch einmal in einer feierlichen Zeremonie von einem Priester gesegnet.

мцⷭ҇ъ

к҃

Литограф при Музеумѣ на Мясницкой.   Печат. Дозвол. Моск. Духов. Академія 5дек. 1868 г.

Heiliger Nikolaus mit Vita, Ende 15. Jahrhundert, Rostower Schule (nordöstliches Russland), Privatbesitz.

Die vierzehn Randbilder erzählen Szenen aus der Vita des heiligen Nikolaus. Von links nach rechts:

1. *Geburt von Nikolaus. Gleich nach der Geburt des Kindes stand es zwei Stunden lang im Raum und weigerte sich an der Brust der Mutter zu trinken.*
2. *Nikolaus wird getauft.*
3. *Das Kind wird zu Geistlichen in die Lehre gegeben.*
4. *Der Knabe wird zum Diakon geweiht.*
5. *Nikolaus erhält die Bischofsweihe.*
6. *Der bischöfliche Würdenträger erscheint dem Kaiser Konstantin im Traum und befiehlt ihm, drei unschuldig verurteilte Männer aus dem Kerker zu befreien.*
7. *Nikolaus erscheint vor den drei eingekerkerten Männern.*
8. *Er rettet im letzten Augenblick drei zum Tode verurteilte Männer in der Stadt Myrna, die mit dem Schwert enthauptet werden sollten.*
9. *Nikolaus bringt Wassilij, den Sohn von Agrikus, seinen Eltern aus der Gefangenschaft zurück.*
10. *Er verhindert das Kentern eines Bootes und rettet fünf Jungfrauen vor dem Ertrinken.*
11. *Nikolaus rettet Demetrius vor dem Ertrinken auf dem Meeresgrund.*
12. *Bekehrung eines römischen Soldaten, der Mönch wird.*
13. *Der tote und aufgebahrte Nikolaus.*
14. *Die Leiche wird von Myrna nach Bari überführt.*

Die Darstellung des heiligen Nikolaus ist sowohl in Byzanz als auch in Russland häufig und beliebt. Alle sozialen Schichten sehen ihn als Helfer in allen Nöten und Gefahren.

DIE REISE EINES PILGERS

In Russland sind die Gläubigen zu ihren zahlreichen Heiligtümern immer gepilgert, und im größten Land der Erde mussten sie immer weit fahren und auch gehen. Vor der Revolution von 1917 sind Millionen Christen gewallfahrt, während des sozialistischen Regimes waren es weniger, und im heutigen Russland, in dem die Religion wieder frei atmen kann und Hunderte alte Klöster und Tausende Kirchen eröffnet wurden, entdecken die Russen aufs Neue ihre christliche Heimat. Diese Reisen sind für die meisten strapaziös, obwohl sie selber es nicht so empfinden.

Wladimir Nasarow aus der Stadt Ussurijsk, im Fernen Osten Russlands gelegen, will in seinem Urlaub weder an die See noch in die Berge fahren. Der Mechaniker aus der Gegend von Wladiwostok fährt mit dem Zug in ein russisch-orthodoxes Kloster, um zu beten und den Mönchen bei der täglichen Arbeit zu helfen. Um allerdings das Höhlenkloster in Nordrussland besuchen zu können, muss der gottergebene Russe weit und lange reisen. Der geborene Sibiriak fährt 10 500 (zehntausendfünfhundert) Kilometer sieben Tage und sieben Nächte lang mit dem Zug, um dann im Höhlenkloster, das dem „Entschlafen der Gottesmutter" geweiht ist, zu beten und zu arbeiten. Der Palomnik (zu deutsch: Pilger), den ich im Kloster getroffen habe, hat außer seiner Arbeit nur ein Interesse: die Herrlichkeit Gottes zu preisen.

Der weitgereiste Pilger aus dem Fernen Osten, noch weit hinter Sibirien gelegen, erzählt mir ruhig und gelassen sein Empfinden als Wallfahrer. Er hat dies allerdings erst getan, als der für die Pilger zuständige Mönch auf meine Bitte hin ihm ein Gespräch mit mir empfohlen hatte. In seiner Heimatstadt könne er zwar auch in die Kirche fahren und beten, die heilige Liturgie feiern, aber das sei eben kein Vergleich mit einem Kloster und einem heiligen Ort. Dort könne er unmittelbar vor den Reliquien der Heiligen beten, den Sarkophag küssen und mit dem Vorbild Zwiesprache halten. „Diese Sehnsucht nach einem heiligen Ort kann ein Ungläubiger nicht verstehen", sagt er mir, nicht wissend, ob ich nun glaube oder nicht.

Die inbrünstige Hingabe gläubiger Russen ist für einen Menschen aus dem Westen, ob Christ oder Atheist, schwierig nachzuvollziehen. Wir denken bei dieser tiefen Frömmigkeit schon an eine Art Glaubensekstase. Für den Sibiriaken und die Millionen russisch-orthodoxer Christen ist diese Art der Hingabe Ausdruck eines vom Glauben geprägten Lebens.

Damit ich den Zustand seiner Seele im Kloster begreife, will er es mir mit einem Beispiel verdeutlichen: Zwischen den Sonn- und Feiertagen sowie den übrigen Wochentagen bestehe doch ein Unterschied. „Sonntags und an Feiertagen geht der Christ in die Kirche. Er zieht sich festlich an, und entsprechend festlich wird auch gespeist. Ähnlich ist es mit einer Pilgerfahrt." Zu Hause in Ussurijsk sei, verglichen mit dem Aufenthalt in einem Kloster, selbst der Sonntag ein Wochentag. Im Kloster sei jeder Tag für ihn noch mehr als ein Sonntag.

Mit fünfzehn anderen Pilgern, die aus den verschiedensten Gegenden Russlands mit dem Zug oder zu Fuß ins Kloster gekommen sind, teilt er sich ein Zimmer, praktisch nur zum Schlafen. Die übrige Zeit verbringen sie in den zehn Klosterkirchen, in denen abwechselnd Gottesdienste abgehalten werden, und bei körperlicher Arbeit. Dafür dürfen die Pilger kostenlos wohnen und umsonst mit den Brüdern im Kloster speisen. Die meisten Wallfahrer, und ins Kloster kommen jährlich Abertausende, müssen wegen Platzmangel im Ort oder in den umliegenden Dörfern in Privatquartieren wohnen.

Gegenüber:
Der Pilger Wladimir Nasarow (links im Bild) im Klosterhof. Anstatt in die Ferien, fährt er mit der Eisenbahn 10 500 km, um im Kloster zu beten und zu arbeiten.

Das von Pilgern sich selbst auferlegte Regime im Kloster ist streng. Sie stehen um 5 Uhr morgens auf, um 6 Uhr sind sie schon im ersten Gottesdienst, der bis gegen 10 Uhr dauert. Danach wird kurz gefrühstückt, und die Pilger gehen an die Arbeit, die ihnen die Mönche zuteilen und gemeinsam mit ihnen erledigen. Sie hacken Holz, schippen Kohle in den Keller oder misten den Kuhstall aus. Um 14 Uhr wird zu Mittag gegessen, nur eine halbe Stunde lang; anschließend wird wieder gearbeitet bis 17 Uhr. Von 18 bis 23 Uhr gehen die Pilger erneut zum Gottesdienst und nehmen inbrünstig an der fünfstündigen heiligen Liturgie teil. Ab 24 Uhr gehen sie zu Bett. Neun Stunden Gottesdienst, und immer stehen, sechs Stunden harte physische Arbeit und nur fünf Stunden Schlaf, das ist doch für alle eine viel zu große seelische und physische Belastung?, frage ich den Pilger aus dem Fernen Osten. „Keinesfalls", sagt dieser ganz frisch und überzeugt. „Für einen Außenstehenden mag das vielleicht schwierig erscheinen, physisch zu arbeiten und neun Stunden in der Kirche zu stehen. Für einen Gläubigen ist das keine Belastung, sondern eine Entlastung. Er merkt gar nicht, dass er steht. Es ist ein Zustand, als würde man schweben, als würden sich die Seele und der Körper während des Gottesdienstes von der Erde lösen." Ein Außenstehender wird, ohne das Gotteserlebnis selbst zu haben, die Hingabe, die mühelose Ausdauer und den asketischen Lebensrhythmus der russischen Gläubigen nicht verstehen können.

Auch zu Hause im Fernen Osten lebt der Facharbeiter fromm und Gott ergeben. Er liest Bücher, vor allem religiöse, und meidet das Fernsehen. Statt der Fernsehecke hat sich der Mechaniker eine „schöne Ecke" eingerichtet, so wie es sich seit Jahrhunderten für einen orthodoxen Christen gehört. Vor der „schönen

Pilger in Russland vor der Revolution.

Ecke", in der heilige Bilder, Kreuze und eine Lampada (Lämpchen) hängen, verbringt er mit seiner Familie Stunden im Gebet oder liest in der Bibel: „Das ist Quellwasser, was darin steht, alles andere ist nur Leitungswasser oder geschmacklose Limonade." Auch die meisten seiner russischen Landsleute schätzt er religiös ein, obwohl Einiges vom Glauben durch die über siebzigjährige

Diktatur des Proletariats verschwunden sei. „Der Russe hat in seiner tiefsten Seele religiöse Wünsche und Sehnsüchte. Man braucht nur ein bisschen an seiner Seelenhülle zu kratzen, und schon liegt der verborgene, aber vorhandene Glaube wieder an der Oberfläche. Die Russen sind geboren, um an Gott zu glauben."

Der Mechaniker mit dem festen

Glauben kennt die seelische Beschaffenheit seiner Landsleute. Seine prophetischen Worte und seine Überzeugung, dass es wieder ein Russland geben wird, in dem sich die Russen zu ihrem orthodoxen Glauben überall und zu jeder Zeit bekennen können, ohne dafür Nachteile oder gar Gefängnis in Kauf nehmen zu müssen, sind schneller Wirklichkeit geworden, als es die meisten Menschen in Russland und der übrigen Welt für möglich gehalten hatten.

Die Institution russisch-orthodoxe Kirche, die bis zur Perestroika von Michail Gorbatschow in der über siebzigjährigen Herrschaft der Kommunisten mit ihrem kämpferischen Atheismus immer wieder zwischen Leben und Tod schwebte, stand jetzt – nachdem sie ihre Freiheit wieder bekommen hatte – vor einem Trümmerhaufen. Hunderte Klöster, Tausende Kirchen, die der Kirche wieder übergeben wurden, waren ruiniert. Eine kolossale Arbeit muss die Kirche, müssen die Gläubigen bewältigen.

Die russische Kirche hatte bis zur Revolution über zweihunderttausend Priester, ihr gehörten über fünfzigtausend Kirchen, mehr als zwanzigtausend Bethäuser und Kapellen. Hunderttausend Mönche und Nonnen lebten in über tausend Klöstern, die über ganz Russland verstreut waren. In achtundfünfzig Seminaren und vier theologischen Akademien wurde der Priesternachwuchs ausgebildet. In der Metropole Moskau mit zehn Millionen Einwohnern zum Beispiel waren der Kirche nur fünfzig Kirchen für „Kultzwecke" – so nannten die Atheisten den Gottesdienst – vom Staat erlaubt worden; vor 1917 gab es auf dem heutigen Territorium von Moskau über tausend Kirchen und siebenundzwanzig Klöster (fünfzehn Männer- und zwölf Frauenklöster), die alle geschlossen worden waren. Die Mönche und Nonnen wurden vertrieben, in Arbeitslager verbracht oder gleich ermordet.

Die Kirchen waren gepflegt und Schmuckstücke von Dörfern und Städten, auf die die Einwohner stolz waren. Die Kirchen und Klöster, die der Staat konfisziert hatte, und das waren Zehntausende im Lande, wurden zum Teil gar nicht genutzt und einfach dem Verfall ausgesetzt. Andere wiederum wurden zu Lagerhallen, Produktionsbetrieben, Küchen oder auch Gefängnissen umfunktioniert; nicht selten ragten aus Glockentürmen oder Kirchenfenstern qualmende Schornsteine. Besonders betroffen waren die majestätisch und festungsartig gebauten Klosteranlagen, hinter deren Mauern russische Geschichte und orthodoxe Religion gemacht und geschrieben wurden. In den großen Städten Russlands, wie zum Beispiel Moskau und St. Petersburg, die vor der Revolution Dutzende Klöster beherbergten, hatten die marxistischen Fanatiker alle geschlossen.

Der Kommunismus allerdings blieb in Russland, das vor über tausend Jahren das Christentum angenommen hat, eine siebzigjährige Episode mit zum Teil verheerenden Folgen. Jetzt aber ist die russisch-orthodoxe Kirche ein fester Bestandteil der russischen Gesellschaft, wenn nicht der wichtigste und einflussreichste. Sie ist im heutigen Russland die einzige intakte gesellschaftliche und moralische Kraft, die vom Volk respektiert wird und Vertrauen genießt. Die neuen Politiker, die zum Teil die alten sind, werben um die Gunst der Kirche und der Gläubigen. Ihre marxistisch-atheistische Vergangenheit haben sie schnell und erfolgreich abgelegt und gehen nicht mehr in die Kultstätten ihrer früheren Ideologie, sondern lassen sich demonstrativ und für alle sichtbar in den vordersten Reihen der Gotteshäuser sehen. Das Parteiabzeichen am Revers der Jacke wurde durch eine goldene Kette mit Kreuz am Hals ersetzt. Doch viele der Funktionäre, die unbedingt Karriere machen wollten, was jedoch nur Parteimitgliedern erlaubt wurde, waren nur nach außen hin bekennende Genossen, innerlich aber überzeugte Christen.

Das Vakuum, das durch den Machtverlust der Kommunisten und ihrer verlogenen Ideologie entstanden ist, versucht die Kirche mit ihren Glaubensgrundsätzen auszufüllen. Die theoretischen Grundlagen im Staat haben die neuen Gesetzgeber im Kreml geschaffen. Die Kirche ist frei. Die Aufgabe allerdings ist gewaltig. Die Kirche und ihre aktiven Gläubigen müssen noch Millionen Russen, oft lethargisch ihrem Schicksal ergeben, dazu bringen, den christlichen Glauben, der in ihnen verwurzelt ist, ins Leben zu übertragen, um Mut und Inhalt bei der Bewältigung der Schwierigkeiten im neuen Russland zu finden. Die Menschen müssen sich in jeder Beziehung neu orientieren. Im Sozialismus mit der staatlichen Planwirtschaft, der atheistischen Propaganda, der staatlichen Betreuung von der Wiege bis ins Grab, brauchten die Menschen wenig Eigeninitiative zu entwickeln. Die dadurch entstandene Misswirtschaft hat an Land und Leuten tiefe Spuren hinterlassen, die nicht über Nacht beseitigt werden können.

Die Privatisierung der ehemaligen Staatswirtschaft im rohstoffreichsten und größten Land der Erde wurde und wird auch immer noch brutal und mit hohen Summen an Schmiergeldern durchgeführt. Die Folge davon ist, dass die Reichen immer reicher werden, die Armen aber noch ärmer. Viele Menschen, denen das Schicksal Russlands am Herzen liegt, sehen darin eine Gefahr, dass der dogmatische Materialismus der Marxisten einfach vom praktischen Materialismus der habgierigen Neu-Reichen abgelöst wird. Von der Kirche erwarten die Menschen, dass sie ihre Stimme erhebt, korrigierend eingreift, auf Wirtschaft und Politik Einfluss nimmt, damit die friedlichen Schafe Gottes nicht von den immer hungrigen Wölfen aufgefressen werden.

Somit hat die Kirche in Russland, die als Institution noch wachsen muss, eine materielle und moralische Last zu tragen, der sie, davon sind die Menschen überzeugt, auch gewachsen sein wird. Russland und die Kirche brauchen Millionen aufrichtiger und gläubiger Menschen, um aus dem Sumpf, den die Ideologen und Planwirtschafter hinterlassen haben, heraus zu kommen. Doch die Russen, die von ihren Regenten und der Geschichte noch nie verwöhnt worden sind und mehr leiden mussten, als anständig leben konnten, werden bereit sein, wenn sie ein Ziel vor Augen haben und im Glauben gefestigt sind, ihr Land zu restaurieren und aufzubauen.

Die Gläubigen vor allem sind be-

reits bei der Arbeit und sind Beispiel für alle anderen. Die Kirche hat vom Staat Tausende Kirchen und Gebäude, Hunderte Klöster, zum Teil nur noch als Ruinen, zurück bekommen. Überall im Land ist die Kirche, sind die Gläubigen Vorreiter für Initiative, Fleiß und Einsatzbereitschaft, obwohl ihre materiellen Mittel noch äußerst begrenzt sind, denn eine Kirchensteuer gibt es in Russland nicht. Die Kirche lebt von den Spenden und mittlerweile auch von (noch bescheidenen) Einnahmen kircheneigener Betriebe. Die Christianisierung Russlands ist im ganzen Land, ob in Metropolen wie Moskau, in kleinen und größeren Städten oder in Dörfern zu merken und zu sehen. Gotteshäuser und Klöster werden restauriert, neue Kirchen werden gebaut, ein bescheidenes kirchliches Gemeindeleben hat überall schon begonnen.

Doch eine Klerikalisierung Russlands, die übertrieben und für die Kirche und das Land schädlich war, wird es – wie zum Beispiel im 18. Jahrhundert unter der Zarin Katharina der Großen – nicht mehr geben. Eine statistische Erhebung, die damals durchgeführt worden war, hatte ergeben, dass es in russischen Städten und Dörfern zu viele Kirchen, Klöster, Mönche und Nonnen gab. Eine russische Stadt mit zehntausend Einwohnern hatte im Schnitt vierunddreißig Kirchen und zwei Bethäuser, die siebenhundert Geistliche beschäftigten. In zwei Männerklöstern lebten über hundert Mönche, in zwei Frauenklöstern über sechshundert Nonnen. Auf etwa zweihundertfünfzig Einwohner kam eine Kirche, jeder sechste Einwohner der Stadt war ein Mönch, eine Nonne oder verheirateter Geistlicher.

Im Russland vor der Revolution gab es zu viele Kirchen und Klöster, im kommunistischen Russland zu wenige. Wird es jetzt wohl gelingen, den richtigen Mittelweg zu finden?

43

KREUZE VERDRÄNGEN SOWJETSTERNE

Das aktive Leben der Christen in Russland ist vor allem in der Metropole Moskau sichtbar. Im Moskauer Kreml, in dem auch während der Diktatur des Proletariats die Kreuze auf den Kirchenkuppeln neben den Sowjetsternen auf Gebäuden sichtbar glänzten, hat sich neben der weltlichen Macht nun auch wieder die geistliche etabliert. Die Kathedralen im Kreml waren bis zur Perestroika Museen, heute sind sie zweigeteilt. Sie sind Museen und Gotteshäuser, in denen die heilige Liturgie gefeiert wird.

Wer Moskau nicht gesehen hat, der weiß nicht, was schön ist, sagen die Russen. Zu der Schönheit der Stadt haben vor allem die vielen goldenen und bunten Kuppeln sowie Kreuze der bizarren und mächtigen Kirchen in der ganzen Stadt und besonders im Kreml von Moskau beigetragen. Allein der Kreml hat drei Kathedralen, hatte zwölf Kirchen und zwei Klöster. Die Klöster haben die Bolschewiki, die Gotteshasser und Kulturbanausen, sogleich abgerissen; so auch die meisten Kirchen. Auf dem Kathedralenplatz des Kreml, der ältesten Straße in Moskau, stehen die Moskauer und russischen „heiligen Zitadellen": die Heiligtümer und architektonischen Kleinodien. Unter ihnen wird von den Gläubigen, den Kunstliebhabern und geschichtsbewussten Russen der Uspenskij Sobor (Mariä-Entschlafen-Kathedrale) geschätzt und verehrt. Diese Kathedrale wurde 1326 aus weißem Stein erbaut und hundertfünfzig Jahre später wegen Baufälligkeit abgerissen und neu errichtet. Der neue Kathedralenbau, vom italienischen Stararchitekten Aristotele Fioravanti aus Bologna entworfen, wurde 1478 eingeweiht. Die einzelnen Baustile, so urteilen Experten, seien in dieser Kirche kunstreich ineinander verschmolzen. Elemente der Renaissance und der Romanik seien ebenso verwendet worden wie byzantinische und tatarische.

Im Innenraum der Kirche erblicken die Russen alles, was sie sich unter einem Gotteshaus vorstellen. Überall Gold und Silber, vergoldete Kerzenständer, vergoldete zentnerschwere Leuchter, die Wände, die Säulen und die Decke ausgemalt mit Szenen aus der biblischen Geschichte, mit Abbildungen des Erlösers, der Propheten, der Apostel und Kirchenväter. Die wundertätige Ikone der Gottesmutter von Wladimir, von unschätzbarem materiellen und kulturellen Wert, flößt den Russen Bewunderung, Ehrfurcht und Stolz ein. Bis zur Revolution von 1917 kamen Millionen Menschen jährlich aus ganz Russland allein deshalb in die Kathedrale, um diese Gottesmutter zu sehen und vor ihr zu beten. Aber auch in der berühmten Tretjakow-Galerie in Moskau, in der die Ikone der Ikonen zu sowjetischen Zeiten als Kunstobjekt ausgestellt war, kamen Gläubige ins Museum, beteten vor ihr und legten Blumen nieder. Nach hartem Ringen zwischen dem Museum und den Hierarchen der Kirche, die die Ikone wie früher wieder ganz in der Kathedrale haben wollten, haben sich beide Seiten auf einen Kompromiss geeinigt. Die Ikone bleibt im Museum und wird ab und zu, aus Sicherheitsgründen in einem Glaskasten, in der Kirche ausgestellt oder bei besonderen feierlichen Gottesdiensten, die vom Oberhaupt der russischen Kirche, dem Patriarchen, zelebriert werden, unter strengster Bewachung aus dem Museum geholt und der Kirche zur Verfügung gestellt. Aus dem Kunstobjekt im Museum wird dann ein Kultobjekt im Gotteshaus. Auch die Verwaltung des Museums und der Kathedrale teilen sich die Kirche und der Kreml.

Die Kathedrale ist getränkt mit russischer Kunst und Geschichte. An der Ikonostase, der Trennwand zwischen Priester und Gläubigen, hat der berühmte Ikonenmaler Dionissi im 15. Jahrhundert gearbeitet. Aus

Oben: Nach dem Gottesdienst küssen die Gläubigen ehrfurchtsvoll das segen- und kraftspendende Kreuz.

Gegenüber:
Mariä-Entschlafen-Kathedrale (Uspenskij-Sobor) in Wladimir, am Fluss Kljasma. Sie wurde im 12. Jahrhundert erbaut und mit fünf mächtigen vergoldeten Kuppeln ausgestattet. Der bekannte Ikonenmaler Andrej Rubljow malte Wände und Gewölbe mit Fresken aus.

Vorherige Doppelseite:
Wer Moskau und den Kreml nicht gesehen hat, der weiß nicht, was schön ist, sagen die Russen. Zur Schönheit des Kreml hat vor allem die Mariä-Entschlafen-Kathedrale (Uspenskij-Sobor), die 1478 eingeweiht wurde, beigetragen. Hier wurden 300 Jahre lang die Herrscher Russlands gekrönt und gesalbt.

Gegenüber:
Der Glockenturm Iwan der Große (Iwan Wjeliki) im Moskauer Kreml ist 81 Meter hoch, das abschließende Kreuz aus Münzgold hat eine Höhe von sechzehn Metern. Der Glockenturm, der von drei Kreml-Kathedralen umringt wird, hat einundzwanzig Glocken. Die größte Glocke wiegt 66 Tonnen.

allen Teilen Russlands wurden die wertvollsten Ikonen geholt und in die Kathedrale gehängt, um damit auch die Bindung des weiten Landes an die Metropole Moskau zu symbolisieren. In Uspenskij Sobor wurden über dreihundert Jahre lang die Herrscher Russlands gekrönt und gesalbt, sie erhielten nach kirchlichem Verständnis die göttliche Weihe. Der erste in dieser Kirche gekrönte Zar war Iwan der Schreckliche, der von einem ihm reservierten prunkvollen Thron seine Untertanen misstrauisch beobachten konnte.

Der sichtbare Reichtum in den Kathedralen des Kreml und den Kirchen Moskaus erfreute die Russen, lockte aber auch Eroberer an. Als die Polen Moskau (1610– 1613) erobert hatten, plünderten sie die Gotteshäuser. Napoleons Soldaten, die 1812 in Moskau einmarschiert waren, sollten ebenfalls die Kirchen ausrauben. Doch wertvolle Kunstobjekte und Edelmetalle hatten die Russen aus der Metropole gen Osten vorher abtransportiert. Napoleon, über die entvölkerte, ausgebrannte Stadt verärgert und in ohnmächtiger Wut zum Rückzug gezwungen, gab seinen Soldaten den Befehl, in Moskau zu zerstören und zu rauben, was noch zu zerstören und zu rauben war. Von dem Glockenturm „Iwan der Große" im Kreml wollte er das gewaltige Kreuz herunterholen lassen, weil ihm berichtet worden war, dass es aus reinem Gold und sehr wertvoll sei. Der Verlust des Kreuzes, spekulierte der französische Kaiser, wäre für das russische Volk das Zeichen für den Untergang des russischen Reiches gewesen. Doch Napoleon, der das Kreuz nach Paris als Siegestrophäe mitnehmen wollte, musste auf die Beute verzichten, weil die französischen Soldaten nicht in der Lage gewesen seien, das Kreuz von dem hohen Turm zu holen. Die Russen deuteten dies nicht als Unvermögen der Franzosen, sondern als göttliche Fügung.

Der Turm Iwan Wjeliki (Iwan der Große) im Kreml, der von drei Kathedralen eingeschlossen wird, ist 81 Meter hoch und hat 21 Glocken, das abschließende Kreuz aus Münzgold ist 16 Meter hoch. Die größte, die Uspenskij-Glocke wiegt 66 000 kg (66 Tonnen), die Kaiserglocke im Kölner Dom zum Vergleich hat ein Gewicht von 9000 kg (9 Tonnen). Die Messglocke im Iwan-Turm wiegt 33 Tonnen, die Sonntagsglocke 17 Tonnen, und die Glocke, die täglich geläutet wurde, wiegt immerhin noch 13 Tonnen.

Doch die wuchtigen Glocken, deren Klang in ganz Moskau und darüber hinaus zu hören war, mussten über siebzig Jahre lang schweigen. Statt des Glockengeläuts vom Kreml zu Weihnachten und Ostern, die die Geburt Christi respektive die Auferstehung des Heilands verkündeten, hörten die Russen nunmehr vom Roten Platz Salutschüsse und das Gedröhn von Panzerketten und Raketenfahrzeugen, die an den sozialistischen Feiertagen wie dem Ersten Mai oder am Tag der Oktoberrevolution an der politischen Prominenz vorbeifuhren und das Paradies auf Erden verkünden sollten. Das irdische Paradies ist in Russland wieder vom himmlischen ersetzt worden.

Der Kreml mit den Kathedralen hat nahezu wieder die Bedeutung von früher. Die Glockenklänge vom Kreml haben den Paradedonner der Armee abgelöst. In der Osternacht stehen die gläubigen Russen – wie zu alten Zeiten – mit brennenden Kerzen in der Hand vor dem Glockenturm und warten bis um Mitternacht; dann werden die tonnenschweren Glocken in Bewegung gesetzt. Der Glockenschlag vom Iwan-Turm im Kreml war und ist wieder das Startzeichen für alle anderen Kirchen in Moskau, ihre Glocken zu läuten und so die Auferstehung Christi zu verkünden. Indes die Kirchen in Moskau haben statt

klangvolle Glocken kaum zu hören-
de Glöckchen, weil die meisten
Glocken während des Krieges ein-
geschmolzen wurden und für neue
den Kirchen bislang das Geld fehlt.

In der Metropole Moskau verkünden wieder viele Glocken oder
Glöckchen von den Kirchtürmen die
christliche Botschaft und rufen die
Gläubigen zum Gottesdienst. Bis zur
Perestroika von Gorbatschow „arbeiteten" in Moskau von ehemals über
1000 Kirchen nur noch knapp 50.
Heute hat Moskau wieder etwa 400
Kirchen mit einer dazu gehörenden
Gemeinde. Von den über zwanzig
Klöstern vor der Revolution leben
mittlerweile wieder in sieben Klöstern Mönche und Nonnen. Unter
den roten Antichristen gab es kein
einziges mehr. Doch fast monatlich
werden in Moskau alte Gotteshäuser
der russischen Kirche übergeben,
allerdings in der Regel in einem
schlechten baulichen Zustand, oft
ohne Fenster und Türen und mit
eingestürzten Dächern. Sie erinnern
nur noch als Ruinen an alte vergangene Zeiten. Mit viel Einsatz,
Opferbereitschaft und Herz bauen
die Mitglieder der Kirchengemeinde
ihr Gotteshaus wieder auf, denn
Geld von der Amtskirche ist nicht
vorhanden, und vom Staat fließt
kein Rubelchen, selbst nicht in
Kirchenbauten, die einen architektonischen Stellenwert haben.

Nicht alle Kirchen, die einst Moskau schmückten, können als Gotteshäuser demnächst wieder genutzt
werden. Über 100 sakrale Bauten
fielen der Spitzhacke zum Opfer.
Selbst der Gründer des Sowjetstaates,
Wladimir Lenin, der auf geduldigem
Papier scheinheilig untersagt hatte,
altes russisches Kulturgut zu zerstören, konnte die Vernichtungswut
seiner roten Untertanen nicht stop-
pen. So wurde u.a. die Mariä-Schutz-
kirche – ein exemplarisches Beispiel
für kirchlichen Festungsbau – abgerissen. Die Kirche, die der große
russische Dichter Dostjewski beson-

Oben: Ein Mönch segnet während
des Gottesdienstes einen Mann
mit dem Kreuz, dem Symbol des
Leidens und der Auferstehung.

ders liebe und schätzte, hat selbst Napoleon, der Moskau 1812 belagerte, von seinen Soldaten vor den Flammen schützen lassen. Gesprengt wurde auch ein besonderes nationales und christliches Symbol für den Glauben und den Siegeswillen der Russen, die Erlöserkirche, die im 19. Jahrhundert errichtet worden war. Die besten russischen Architekten hatten sie entworfen, die bekanntesten Künstler ausgemalt. An den Wänden standen die Namen der Kriegshelden, die Russland von den Heeren Napoleons befreit hatten. Stalin ließ das national-christliche Monument sprengen, um dort eine sowjetische Gigantomanie zu errichten. Das überdimensionierte proletarische „Rätehaus" sollte auf der Spitze eine 40 Meter hohe Büste von Lenin schmücken, den aufstrebenden Sowjetstaat und den Untergang des alten Systems mit Kirchen und Kreuzen symbolisieren. Allen Russen sollte das Gefühl der kommunistischen Epoche und ihrer Ewigkeit vermittelt werden.

Doch die von Gott erschaffene Natur ließ nicht zu, dass an diesem „heiligen Ort" proletarischer Kitsch und Protz entstehen konnten. Der Baugrund, stellten Statiker fest, sei an dieser Stelle zu sumpfig und würde den geplanten Kolossalbau nicht tragen können. Die Kirche war abgerissen, das neue Symbol konnte nicht gebaut werden. Der Plan war sprichwörtlich baden gegangen. Statt in der Höhe fanden die enttäuschten Ideologen die Lösung in der Tiefe: Sie errichteten ein beheiztes Freibad mitten in der Stadt, neben dem Kreml. Auch das Schwimmbad an diesem Ort – ein Sakrileg für Christen und von diesen gemieden – sollte nicht von Dauer sein. Die neuen Kremlherren, die mit patriotischen Parolen und historischer Erinnerung das alte Russland wieder entdeckten und sich beim Volk beliebt machen wollten, beschlossen, gemeinsam mit dem Patriarchat in Moskau, der

obersten Kirchenbehörde, an der alten Stelle eine neue Erlöserkirche zu errichten. Der Bau wurde vor allem mit Spendengeldern finanziert. Millionen Russen befürworteten dieses teure Projekt, Millionen Gläubige im weiten Russland haben Milliarden Rubel für diesen geschichtsträchtigen Bau gesammelt. Sie sind davon überzeugt, dass dieses aufwendige Symbol das Christentum in Russland weiter festigen und damit auch den politischen Wandel für immer und ewig unumkehrbar machen wird.

Die Opferbereitschaft der Russen wird in allen Städten und Dörfern gefordert. Der Aufbau und die Restaurierung der Gotteshäuser verschlingen große Summen, und darunter müssen oft die Geistlichen der Gemeinden leiden, für die dann keine oder nur verspätet Gehälter ausgezahlt werden können. Zu sowjetischen Zeiten, also bis zur Perestroika, ging es den wenigen Geistlichen materiell besser als heute, aber moralisch schlechter. Die damaligen „Diener des Kultes" waren geächtete Menschen, die dem Aufbau einer klassenlosen Gesellschaft im Wege standen.

Die wenigen Gotteshäuser waren mit Gläubigen überfüllt, und die Spendenfreude war für sie eine notwendige Herzenssache. Im Sozialismus hatten die meisten Russen ein ärmliches, aber stabiles Einkommen. Die Grundnahrungsmittel wie Brot, Butter, Milch, Kartoffeln waren billig, aber oft nur nach langem Schlangestehen erhältlich. Die so genannten Luxusgüter waren teuer und oft nicht zu kaufen, weil sie nur in geringen Mengen angeboten wurden. Mangelwirtschaft überall: Sparen lohnte sich nicht, das Geld wurde ausgegeben und relativ reichlich in die Opfersäcke der Kirche gesteckt. Die Pfarrgemeinden konnten ihre Pfarrer gut entlohnen und erhielten im Schnitt das Doppelte eines sowjetischen Durchschnitts.

Priester ersetzen Polit-Kommissare

Indes Priester werden in Russland immer mehr benötigt. Überall suchen die Menschen heutzutage die Nähe eines Priesters, seine tröstenden Worte, seine segnende Hand. In Krankenhäusern werden kleine Kapellen eingerichtet, in denen das Personal und Kranke Gottesdienste feiern, beichten, die Kommunion bekommen können und die letzte Ölung erhalten. Überall, ob in Altersheimen, Gefängnissen oder bei der Armee, wollen die Alten, die Gefangenen, die Soldaten eine Kirche, eine Kapelle in ihren Unterkünften oder in der Nähe haben. In vielen Institutionen dieser Art konnte die Kirchenleitung den Wünschen der Menschen entgegenkommen, aber die Liste der Bittsteller wird immer länger. Überall jedoch tauchen die gleichen Probleme auf, die Kirche und die weltlichen Organisationen haben kein oder zu wenig Geld, um die geistlichen Einrichtungen zu bauen und die Priester zu bezahlen. Auch in diesen Fällen wird versucht, die Spenderherzen zu öffnen. In der Armee sind die früher mächtigen und allgegenwärtigen Politkommissare von Priestern ersetzt worden. Der ehemalige Verteidigungsminister unter Präsident Jelzin ließ sich sogar taufen, damit er als Christ die Militärseelsorge glaubhaft befürworten konnte.

Den Wandel in der Gesellschaft, die Christianisierung Russlands, die Entgiftung der mit dem roten Bazillus verseuchten Menschen erläutert mir ein Gemeindepfarrer in Moskau an einem sichtbaren Beispiel: Nach der Revolution, in den zwanziger Jahren, waren vor allem junge Menschen, deren Eltern, Großeltern nichts anderes kannten als den christlichen Glauben, von der bolschewistischen Propaganda und deren politischer Aggressivität derart fanatisiert und brutalisiert, dass sie russische Heiligtümer, die auch die Heiligtümer ihrer Eltern waren, in einem Rausch zerstörten. Von der

Ein Soldat der Roten Armee steht in Uniform neben Christus am Kreuz in einer Kirche in Minsk, der Hauptstadt von Weißrussland. Für den Soldaten zu sowjetischer Zeit nicht ungefährlich, er hätte bestraft werden können.

Zerstörung der alten und wertvollen Ikonostase in seiner Kirche im Andrejewski-Kloster erfuhr der Pfarrer über den Enkel des Großvaters, der in seiner Jugend das Kunstwerk und Heiligtum vernichtet hatte. Der Enkel, der in der Familie von der schändlichen Tat seines Großvaters gehört hatte, war darüber empört und konnte nicht verstehen, dass Menschen, zumal aus seiner kultivierten Familie, zu solchen Taten fähig waren. Das Gewissen plagte ihn. Er wollte und musste darüber sprechen, vor allem mit dem Pfarrer, der die Kirche wieder renoviert und die Ikonostase, die sein Opa in einem „revolutionären Wahn" zerschlagen hatte, hat neu malen lassen. Auch der Großvater, berichtete der Enkel, habe seine brutale Tat eingesehen und sie bereut.

Der Enkel ging zum Tatort, ließ sich mit 18 Jahren taufen, wurde eifriger Christ, der regelmäßig Gottesdienste besucht und beim Wiederaufbau der Pfarrgemeinde hilft. Der Priester: „Dies ist die neue Christianisierung Russlands. Der Großvater hat geholfen, das Christentum zu zerstören, der Enkel hilft, es wieder aufzubauen. Solche Fälle gibt es in Russland tausendfach."

Die Faszination und Mystik des christlichen Glaubens haben wieder Millionen Russen erfasst, die still und hingebungsvoll ihrer inneren Stimme folgen und ihr Land und Leben christlich gestalten und Gott dienen wollen. Damit die Jugend, die von den Eltern den Glauben übernommen hat, aber als Resultat ihrer marxistischen Erziehung selber nur geringe religiöse Kenntnisse hatte, schnell fundierten Unterricht bekommt, haben die Kirchenoberen ein Institut für die Glaubensverbreitung gegründet; dieses kümmert sich vor allem um das religiöse Schul- und Hochschulwesen. In der sowjetischen Ära gab es in der ganzen Sowjetunion nur zwei theologische Akademien und drei Semi-

Folgende Doppelseite:
Am 9. Mai, dem Siegestag der Sowjetunion über Hitler-Deutschland, gingen und gehen Geistliche und orthodoxe Eminenzen, gemeinsam mit Politikern und dem einfachen Volk, zu den Mahnmalen des Krieges.

narschulen, mittlerweile sind es über 40 Akademien und Seminare, die den Priesternachwuchs ausbilden. Hinzu kommen die religiösen Kindergärten, die Sonntagsschulen in den Pfarrkirchen und vor allem die Gymnasien und weltlich-religiösen Universitäten, die Philosophen oder Ökonomen ausbilden. Für diese – bis auf die theologischen Akademien und Seminare – ist das Institut als Gründer und Betreuer zuständig.

Geleitet wird das Institut von einem klugen und bescheidenen Mönch, der sich in Russland bereits einen Namen als Romanautor und Dichter gemacht hat. Pater Johann trägt – ohne einem Kloster vorzustehen – den Titel eines Abtes, der ihm vom Patriarchen verliehen wurde. Der polyglotte Mönch hat, bevor er ins Kloster ging und Theologie studierte, die philologische Fakultät der Moskauer Universität absolviert. Der Pater gründete die erste russisch-orthodoxe Universität in Moskau und ganz Russland – nach der Revolution. Die neue orthodoxe Universität, die auf dem Gelände des ehemaligen Petrowskij-Klosters in Moskau eingerichtet wurde, braucht Millionen Rubel, die bislang nur von privaten Spendern aufgebracht worden sind. Die Finanzierung ist immer nur für ein paar Monate in Voraus gesichert.

In der Stille der Mönchszelle grübelt der Pater auch darüber und fragt sich, wieso die neureichen Russen, seine Landsleute, für den vergänglichen weltlichen Schnickschnack Millionen ausgeben, für seine Universität aber und für den geistigen, kulturellen und ethischen Aufbau Russlands oft nur kleine Rubelsümmelchen übrig haben. Der Pater, der mitten im Leben steht, sieht, dass die jungen Kapitalisten in kürzester Zeit Millionen Dollar verdienen oder ergaunern, ihr Geld in dicke westliche Autos stecken, protzige Villen und pompöse Schlösser in Russland und im westlichen Ausland bauen oder kaufen, Milliarden Dollar auf westliche Banken bringen, in Casinos und Bars Unmengen Geld locker ausgeben, sich aber herzlich wenig dafür engagieren, Russland und seinen Menschen zu helfen. Das nötige Geld sei vorhanden, es müsste, meint der Pater, nur anders verwendet werden. Er hoffe, dass die neureiche Klasse begreife, dass ohne geistige und ethische Grundlagen ein Staat und die Gesellschaft nicht existieren können.

Dass der sensible Mönch ohne die finanzielle Hilfe westlicher Glaubensbrüder von den anderen Konfessionen seine Universität hätte vorübergehend wohl still legen müssen, beschämt ihn. Dankbar sei er vor allem den deutschen Katholiken und Protestanten, die für die Sorgen und Nöte seiner Universität und seines Instituts mehr Verständnis, christliche Nächstenliebe und Opferbereitschaft aufbrächten als seine vermögenden Landsleute.

Die orthodoxe Universität, die ungefähr nach dem Vorbild einer katholischen Hochschule aufgebaut ist, wird junge Menschen in Russland ausbilden und formen, die in der Gesellschaft zur intellektuellen Elite mit christlicher Überzeugung gehören sollen.

Die im heutigen Russland dringend gebrauchten Religionslehrer werden in einem eigens dafür gegründeten Institut ausgebildet. Überall, ob in Moskau, in größeren und kleineren Städten, in Dörfern und Siedlungen, sprießen christliche Kindergärten, Volksschulen, Gymnasien, Lyzeen und Sonntagsschulen in den Pfarrgemeinden wie Pilze aus dem Boden. In Moskau und Umgebung gibt es bereits einige hundert Sonntagsschulen. In den orthodoxen Gymnasien, die ab dem fünften Schuljahr Kinder aufnehmen, und in den Lyzeen, die Mädchen und Jungen ab der achten Klasse bis zum Abitur (nach elf Schuljahren) führen, beginnt und endet der Unterricht

jeweils mit einem Gebet. In Moskau existieren bereits über 30 russisch-orthodoxe Gymnasien. Deren finanzieller Bedarf wird vom Staat, von den Eltern und durch Spenden gedeckt.

Nadeschda heißt auf russisch Hoffnung, und diese – trotz der vielen vor allem ökonomischen Probleme – lebt im russischen Volk. Die Russen, die weniger rational veranlagt sind als zum Beispiel die Westeuropäer, brauchen einen von innen her diktierten Halt, den Glauben an das Unsichtbare, das im irdischen Leben nicht zu finden ist. Diese seelische Stütze gibt Millionen und Abermillionen Russen die Kirche mit ihrem Glauben an den Erlöser. Gäbe es nicht die russisch-orthodoxe Religion, dann gäbe es im heutigen Russland wohl noch mehr menschlichen Unrat, von dem die westliche Presse fast ausschließlich berichtet: von Korruption, von Mord, von Prostitution, von Betrug ... Ich möchte nichts verharmlosen, dies alles gibt es in Russland. Gäbe es aber nur dieses teuflische Szenarium, das sich so fassbar, so aufregend schildern lässt und der westlichen Sensationspresse den Stoff liefert, dann gäbe es in Russland nur noch Chaos, Mord und Totschlag. Mit journalistischem Eifer – eine gute Nachricht ist angeblich keine Nachricht – jagen die von Einschaltquoten und Auflagendruck gehetzten Reporter hinter dem Blut der bösen Tat her. Deshalb auch haben die meisten Menschen im Westen, die ihre Informationen nur aus der Presse bekommen, ein unvollständiges, ja verzerrtes Bild von Russland. Sie kennen in der Regel nur die dunklen Seiten dieses Landes.

Für den Dichter und Seelenforscher Dostojewski, der wie kein anderer seine Landsleute in der Tiefe ihres Herzens kannte und beschrieben hat, sind die Russen ein „Gott-tragendes" Volk, das opferfähig und gutmütig, das genügsam und leidensfähig ist.

Das heutige Russland hat mit dem Glauben auch wieder die alten Traditionen, Sitten und Gebräuche entdeckt, die nie ganz – auch unter den Kommunisten – vergessen waren und praktiziert wurden. Weil die meisten Traditionen christlichen Ursprungs und mit der orthodoxen Religion verbunden sind, gaben die Menschen ihnen in der atheistischen Zeit einen stärker weltlichen Charakter, um nicht als Propagandisten der Religion in Ungnade zu fallen. Die Russen, die Symbole und Traditionen

TRADITIONEN LEBEN WIEDER AUF

Norbert Kuchinke

verehren, mehr über die Seele als über den Kopf erleben, können jetzt ungefährdet und ungestört dem frönen, was sie so schätzen. Statt der sozialistischen Feiertage gibt es für Russland zum Teil wieder die kirchlichen. Zu Weihnachten oder zu Ostern beispielsweise lebt ganz Russland in der Erwartung der Geburt Christi oder der Auferstehung des gekreuzigten Erlösers.

Lange vor Ostern, dem höchsten Fest in der russisch-orthodoxen Kirche, werden in Dörfern und vor allem Städten bunte Ostereier aus Holz angeboten. Sie sind einfach bemalt oder auch in der alten Ikonentradition künstlerisch gestaltet. Auf die Eier werden bekannte Kirchen und Klöster, die Gottesmutter mit Kind, der heilige Georg mit Pferd, der mit einer Lanze einen Drachen tötet, oder Heilige der russischen Kirche gemalt. Unterschiedlich sind auch die Preise: Ein einfaches

aus dem Dorf kostet etwa 10 Euro, ein von einem Künstler gefertigtes 25 Euro und mehr. Die Tradition, Ostereier zu bemalen, wird vor allem in russischen Dörfern gepflegt. Auch unter den Kommunisten lebte dieses Kunsthandwerk, aber eben auf kleiner Flamme, weil private Tätigkeit und die Verbreitung von christlichen Symbolen im Prinzip verboten waren. Heute sind die Herstellung und der Verkauf, wo auch immer, in vollem Umfang erlaubt. Und die Handwerker und Künstler nutzen diese Einnahmequelle. Ganze Familien sind mittlerweile wieder in Dörfern damit beschäftigt, Ostereier aus Holz zu fertigen und sie zu bemalen. Die Männer suchen Holz im Wald, trocknen, schneiden und drechseln es in verschiedenen Größen. Begabte Mütter oder Kinder malen mit bunten Farben dann die Ostermotive darauf.

Mittlerweile werden – wie vor der Revolution – in Russland Ostereier nicht nur in Dörfern, sondern auch in Städten bemalt. Professionelle Maler stellen vor Ostern die Staffelei für Bilder in die Ecke und bemalen große und kleine Holzeier, die dann an begüterte Russen oder Ausländer veräußert werden. Noch teurer als aus Holz sind Ostereier aus Porzellan, Silber oder Gold, die vor allem von neureichen Russen aus Prestigegründen erworben werden – ein Ei aus Gold, künstlerisch gefertigt, kostet ein paar Tausend Euro.

Vor der Revolution wurden Ostereier hergestellt, von denen jedes einzelne ein Kunstwerk und entsprechend teuer war. Der russische Meister der Silberkunst, Carl Fabergé, fertigte für den Zarenhof, für Aristokraten und reiche Kaufleute silber- und goldverzierte Ostereier mit Brillianten, die heute in russischen Museen zu bewundern sind. Einige Stücke sind vor, während und nach der Revolution in den Westen gelangt und kosten auf Auktionen Millionen Dollar.

Das Ei ist im orthodoxen Glauben das Symbol des Lebens und der Auferstehung. In beinahe allen russischen Familien werden zu Ostern Eier gekocht, bemalt und gemeinsam mit den Osterspeisen Kulitsch und Pascha liebevoll in Körbe gelegt und am Karsamstag, also vor der Auferstehung Christi, ins Gotteshaus gebracht. Die Gläubigen lassen ihre Osterspeisen von einem Priester, der lange Gebete spricht und die Menschen auf die Auferstehung vorbereitet, mit Weihwasser segnen. Die Pascha ist eine Quarkspeise mit Zucker, Rosinen, Vanille und Zitronat, die pyramidenartig geformt wird; besonders fromme Frauen belegen rundherum die Pascha mit Kreuzen aus Rosinen. Der Kulitsch ist ein Gebäck aus Weizenmehl und Safran. Die vom Priester geweihten Osterspeisen werden (und dürfen) erst nach dem Ostergottesdienst von Samstag auf Sonntag gegessen. Daran hält sich jeder Russe.

Zu Ostern sind alle Gotteshäuser in Russland überfüllt. Die Menschen stehen dann dichtgedrängt (in der russischen Kirche gibt es keine Sitzbänke für die Gläubigen), beten und singen inbrünstig drei bis vier Stunden lang abwechselnd mit den Priestern; in Klöstern dauert der nächtliche Ostergottesdienst sieben bis acht Stunden.

In der Osternacht verkündet der Priester mit lauter Bassstimme: Christus ist auferstanden. Die Gläubigen antworten inbrünstig: Christus ist wahrhaftig auferstanden. Nach der Auferstehung Christi küssen die Gläubigen ein Kreuz, das der Priester in der Hand hält. Dann beglückwünschen sie sich gegenseitig. Sie küssen sich links, rechts, links oder rechts, links, rechts auf die Wangen oder nach links, rechts ... auf den Mund. Nach dem Gottesdienst, es ist dann schon spät in der Nacht oder frühmorgens, setzen sich die Familien zu Hause an den Tisch und essen von den gesegneten Osterspeisen.

Der Ostersonntag ist für Russen ein großer Festtag. Freunde, Verwandte und Bekannte besuchen sich gegenseitig oder telefonieren miteinander, wenn sie weit weg wohnen. Die Russen wünschen sich kein „frohes Osterfest", sondern begrüßen sich mit „Christus ist auferstanden!", die Antwort: „Er ist wahrhaftig auferstanden!"

Zu Ostern laden sich Verwandte oder Freunde gegenseitig ein. Nach der langen Fastenzeit wird ausgiebig und lange gespeist und getrunken. Der Tisch droht unter der Last der Speisen und Getränke zu brechen; neben Salaten, Pasteten oder Gemüse werden vor allem Fleischgerichte verzehrt. Die Hausfrauen kaufen Ferkel, Gänse, Enten oder Hammel, die Tage vorher zubereitet und dann langsam und genüsslich verspeist werden. Zwischendurch wird immer wieder das Glas mit Wodka erhoben, um Christi Auferstehung zu gedenken und den Anwesenden, den Eltern und den Kindern Gesundheit und Glück mit poetischen Worten zu wünschen.

Das Osterfest, der Sieg des ewigen Lebens über den Tod, und die siebenwöchige Fastenzeit, von vielen streng eingehalten, geben den Russen das Gefühl und die Wollust, ausgiebig zu essen und zu trinken. Wer nicht richtig fasten kann, kann auch nicht richtig essen, trinken und feiern, sagen die Russen.

Die Extreme von Fasten und Feiern kommen auch in der Woche vor der langen Fastenzeit zum Ausdruck, in der Masljanitza, der Butterwoche; Butterwoche, weil in dieser Woche Butter essen noch erlaubt ist. In der Butterwoche haben sich heidnische Bräuche mit christlichen vermengt. In dieser Woche feiern die Heiden das Ende des Winters und den Anfang des Frühlings. Die Christen aber sollen sich in dieser Zeit auf das Fasten vorbereiten und entsprechend enthaltsam leben.

Im alten Russland hingegen wurde

Nach dem Kirchgang unterhält sich der Metropolit Pitirim mit zwei alten Frauen, die in der Regel besonders eifrige und fromme Beterinnen sind.

Oben: Freudestrahlend gehen
die Gläubigen nach der Segnung
ihrer Osterspeisen nach Hause,
um sie dann zu essen.

Rechts: Zu Ostern, dem größten
Fest in der russisch-orthodoxen
Kirche, lassen Gläubige ihre
Osterspeisen wie den Kulitsch,
die Pascha oder gekochte Eier
von einem Priester segnen.

Anastasis, Moskau (Dionissi-Werkstatt), 1495–1504.
Russisches Museum, St. Petersburg.

Diese Ikone stammt aus dem Ferapont-Kloster in der Nähe von Wologda, wo sie in der Kirche Mariä Geburt zu den Festtagsbildern der Ikonostase gehörte. Der auferstandene Christus erlöst Adam, Eva und die Vorväter des Alten Testaments aus dem Totenreich. Die Unterwelt ist mit geflügelten Sündendämonen bevölkert. Diesen entsprechen in der Aureole, die Christus umgibt, Lichtpunkte, die Tugenden symbolisieren. Die beiden Gruppen stehen ständig in geistigem Kampf. Solche Kontrastgruppen findet man schon im 14. Jahrhundert auf Ikonen.

„HEUTE RUFT STÖHNEND DER HADES,
GEOPFERT WARD MEINE MACHT,
DER HIRTE WARD GEKREUZIGT,
DEN ADAM HAT ER AUFERWECKT.
DIE MEINER HERRSCHAFT UNTERTAN,
SIE WURDEN MIR GERAUBT,
UND DIE MEINE MACHT VERSCHLANG,
SIE ALLE HABE ICH AUSGESPIEN.
LEER GEMACHT HAT DIE GRÄBER,
DER DA GEKREUZIGT WURDE.
MACHTLOS IST DIE GEWALT DES TODES.
EHRE, HERR, SEI DEINEM KREUZ
UND DEINER AUFERSTEHUNG."

Aus den Vershymnen zur
Auferstehung Christi

in dieser Woche ausgelassen gefeiert. Die strengen Fröste hörten auf, die Sonne erwärmte die Luft, die Menschen freuten sich. Die Entbehrungen der bevorstehenden Fastenzeit – ohne Fleisch, Käse, Butter und Alkohol zu leben – waren ein Vorwand für die Genüsse des Lebens. Die heutigen Christen sehen in der Masljanitza eine Vorbereitungszeit für das lange Fasten, das von vielen Russen wieder streng eingehalten wird.

Oben: Bemaltes Osterei. Orthodoxe Gläubige schenken zum Osterfest einander als Symbol der Auferstehung Christi gefärbte oder mit Heiligen bemalte Eier aus Holz. Aus dem Volksbrauch entstand vor der Revolution eine teure Ostereier-Kunst. Eier z.B. aus Porzellan mit Diamanten besetzt waren beliebte Geschenke der reichen Russen.

KÜSSE FÜR DIE TOTEN

Besonders gedacht wird in Russland der Toten. Glaube, Brauch und heilige Riten begleiten den Verstorbenen ins Grab und halten ihn in ewiger Erinnerung. Die christlichen Sitten hatten auch russische Atheisten übernommen, ohne die Herkunft oder den Grund zu kennen oder kennen zu wollen. Wenn ein gläubiger Russe stirbt, wird er in der Kirche offen aufgebahrt. Nach der Totenmesse, die Angehörigen verabschieden sich mit einem Kuss auf die Stirn des Verstorbenen, wird er auf einem Friedhof beerdigt. Der Atheist wird in einem staatlichen Totenhaus aufgebahrt und dann begraben, die meisten aber lassen sich in einem Krematorium verbrennen.

Rechts: Seelenamt in einer Moskauer Kirche. Die Toten liegen während des Gottesdienstes offen im Sarg. Mit einem Kuss auf die Stirn, auf der ein Papierstreifen liegt, nehmen die Angehörigen Abschied von den Toten.

Oben: Das „Friedhofsfest" in Russland war und ist für die Maler ein beliebtes Motiv. Holzschnitt aus dem vergangenen Jahrhundert.

Am dritten, neunten und vierzigsten Tag nach dem Tod gedenken Gläubige und auch Ungläubige ihrer Toten. Nur die Gläubigen kennen den christlichen Sinn dieser Tage, die anderen erinnern sich einfach so, rein menschlich, nach alter Überlieferung.

Nach christlichem Glauben ist der Gekreuzigte am dritten Tag auferstanden. Er hat damit den Tod besiegt und das ewige Leben erlangt, stellvertretend auch für die Menschen, die an ihn glauben. Zwischen

dem dritten und neunten Tag nach dem Tod weilt die Seele des Verstorbenen an den Orten, an denen er während des Lebens war. Am neunten Tag erhebt sich die Seele in die himmlische Welt, sieht die Engel, die paradiesischen Plätze, die der Herr denen bereitet, die an ihn glauben und seine Gebote befolgen. „Die Glaubensbrücken und Vorstellungen helfen den Lebenden", sagt ein Moskauer Priester, „gedanklich mit der Seele des Toten dort zu sein, wo auch wir eines Tages – so Gott will – sein werden. In der Orthodoxie ist die Erinnerung an die Toten die Erinnerung an den eigenen Tod." Am vierzigsten Tag nach dem Tod bringen die Engel die Seele des Toten zu Gott, dem höchsten Richter.

An diesen Tagen denken die Russen an die verstorbenen Vorfahren. Sie beten für sie, und der Priester liest – gegen eine Rubel-Spende – während des Gottesdienstes die Namen vor. An solchen Eltern-Sonnabenden bringen die Gläubigen Lebensmittel wie Brot, Marmelade, Honig oder Kuchen zu Ehren der Lebenden und Toten in die Kirche, breiten sie auf großen Tischen aus und lassen sie von den Priestern segnen, um sie dann gewissermaßen mit den Verstorbenen zu verspeisen. An speziellen „russischen Tagen" (patriotischen) wird an Tote erinnert, die zu Ehren des russischen Vaterlandes ihr Leben hingegeben haben.

Zu Ostern, am höchsten russisch-orthodoxen Feiertag, gehen Gläubige und auch Atheisten auf die Friedhöfe zu ihren Verstorbenen, obwohl der eigentliche Totengedenktag (Radunitze) erst zehn Tage nach Ostern begangen wird, an dem allerdings früher alle arbeiten mussten. Ostern hat sich mittlerweile in den Seelen der Menschen festgesetzt, und somit gehen Russen an diesem Festtag auf die Friedhöfe zu ihren Verwandten und Bekannten. An diesem Tag entsteht der Eindruck, ganz Russland sei auf den Beinen, niemand scheint zu Hause zu bleiben. Auf dem Dorf und in der Stadt das gleiche Bild, alle kennen an diesem Tag nur eine Richtung, die zum Friedhof.

Schon Tage vorher wird das Friedhofsfest, das eine heidnisch-christliche Tradition hat, in den Familien vorbereitet. Zu Hause wird gekocht, gebraten, das obligatorische Fläschchen Wodka oder der teure Cognac werden eingekauft. Sorgfältig werden dann der duftende Braten, der geräucherte Schinken, die eingelegten Gurken, Tomaten oder der Knoblauch in großen Körben oder Taschen verpackt. Der Wodka und Cognac werden in dickes Papier gewickelt, damit die teuren Tropfen auch unbeschadet den Friedhof erreichen.

Mit privaten Autos, der Metro, der

Gegenüber: Auf dem Friedhof machen es sich die Lebenden gemütlich. Sie essen und trinken auch einen Wodka symbolisch gemeinsam mit den Toten.

Oben: Zu Ostern ist das halbe Russland auf den Friedhöfen. Ob gläubig oder nicht, alle feiern die Auferstehung Christi und hoffen, dass ihren verstorbenen Verwandten und Bekannten die Himmelspforten offen stehen.

Aber auch an anderen Tagen im Jahr wird in der Kirche und zu Hause an die Toten erinnert. Kein Gedenkgottesdienst für die Toten findet in Kirchen an Sonn- und Feiertagen, an Tagen besonderer Freude, statt. In der Fastenzeit vor Ostern und nach dem Auferstehungsfest wird nur an bestimmten Sonnabenden, den Eltern-Sonnabenden, abends und morgens in der Kirche an die Toten erinnert.

Straßenbahn oder dem Autobus fahren die schwer bepackten Besucher bis zur letzten Station vor dem Friedhof. Trauben von Menschen, ja eine regelrechte Prozession schleppt sich mühsam und langsam durch das Eingangstor des Friedhofes.

Dann verteilt sich der Pilgerstrom in einzelnen Gassen und Pfaden vor den eingezäunten Grabstätten. Die sprichwörtliche Friedhofsruhe ist dahin. Denn mit Kind und Kegel reisen die Familien an; Hunde dürfen nicht mitgenommen werden. Die Menschen sind nicht gekommen, um nur einen Blumenstrauß aufs Grab zu legen, ein bisschen Unkraut zu jäten oder ein Vaterunser zu beten. Sie lassen sich häuslich für einen ganzen Tag nieder.

An allen Gräbern im Grunde das gleiche Bild: Neben dem Grab steht eine Bank, auf der sitzen vor allem müde gewordene alte Menschen. Die Speisen werden sorgfältig auf ein weißes Tuch gelegt und auf dem Grab ausgebreitet. Am Grab wird ununterbrochen geredet, gegessen und ab und zu getrunken, auf das Wohl und Seelenheil des Verstorbenen. Für den Toten wird ein Gläschen Wodka gefüllt und auf sein Grab geschüttet. Die Verwandten unterhalten sich mit dem Toten, lassen ihn am Essen und Trinken teilhaben und verhalten sich so, als säße er in ihrer Runde. Den Kindern, die die imaginären Gespräche und Mahlzeiten mit den Verstorbenen noch nicht so recht begreifen können, werden die Riten und Gebräuche geduldig erklärt; außerdem werden Fotos gezeigt und Geschichten aus dem Leben des Toten in epischer Breite erzählt. Bevor der Heimweg angetreten wird, viele gehen erst, wenn es schon dunkel ist, werden die Gräber geschmückt, Kerzen aufgestellt und angezündet. Der Friedhof glänzt in einem Kerzenmeer. Nach diesem Tag auf dem Friedhof war für viele Russen erst Ostern.

DIE HEILKRAFT DES WEIH- WASSERS

Wiederum Tausende, in ganz Russland Millionen, machen sich in Städten und Dörfern auf den Weg, um am 19. Januar Wasser weihen zu lassen. An diesem Festtag wird in Russland an die Taufe Christi im Jordan erinnert, über die der Evangelist Markus schreibt: „Und es begab sich in jenen Tagen, dass Jesus von Nazareth nach Galiläa kam und sich im Jordan von Johannes taufen ließ. Als er gerade aus dem Wasser heraufstieg, sah er den Himmel sich öffnen und den Geist wie eine Taube auf sich herabkommen. Und eine Stimme kam vom Himmel: ›Du bist mein geliebter Sohn, an dir fand ich Wohlgefallen.‹" Das Fest der Wasserweihe nennen die Russen auch Jordan-Fest, der Bottich, in dem Wasser geweiht wird, heißt kurz Jordan.

Zwölf Tage nach dem russischen Weihnachtsfest, das am 7. Januar beginnt und 13 Tage nach dem westlichen begangen wird, weil die russisch-orthodoxe Kirche im Gegensatz zum Westen und dem eigenen Land noch den alten Julianischen Kalenderrhythmus beibehalten hat, strömen gläubige Russen mit Eimern, Kannen, Gläsern und Flaschen in die Kirchen. In einem mehrstündigen Gottesdienst, der zu Ehren der Taufe Christi im Jordan abgehalten wird, weiht der Priester in großen Bottichen Wasser. Der Geistliche taucht ein schweres Silberkreuz in das Gefäß, bewegt es kreuzförmig und spricht die Worte: „Ich weihe dieses Wasser."

Anschließend füllen Kirchendiener den Gläubigen die mitgebrachten Kannen und Eimer. Das Wasser darin wird nicht selten auf dem Heimweg zu Eis. Denn zu Christi Taufe, am 19. Januar, sind in Russland die stärksten Fröste, im Volksmund auch „Tauf-Fröste" genannt. Das Thermometer fällt in dieser Zeit im Norden und Osten Russlands oft auf über 50 Grad unter Null, in anderen Gegenden werden immerhin noch 30 Grad Minus und mehr gemessen. Aber die klirrende Kälte hält kaum einen Russen davon ab, in der Kirche geweihtes Wasser zu holen.

In den Großstädten wie Moskau oder St. Petersburg wird an diesem Tag tonnenweise Wasser geweiht. Allein aus der Nikolskij-Kathedrale im ehemaligen Leningrad zum Beispiel schleppen die Gläubigen an einem Tag 80 000 Liter (80 Tonnen) Weihwasser nach Hause.

Unter denen, die sich geweihtes Wasser aus der Kirche holen, sind nicht nur Gläubige. Auch viele Menschen, die zur Religion ein gespaltenes Verhältnis oder kaum Beziehungen haben, glauben an die Heilkraft des geweihten Wassers, und entsprechend sparsam wird damit umgegangen. Die Russen trinken davon ein Gläschen, wenn der Magen verstimmt ist, die Nieren schmerzen oder die Seele leidet. Ein Knoten am Hals, am Bein oder ein Geschwür wird erst mit Weihwasser behandelt, bevor ein Arzt aufgesucht wird. Das Auto, die Wohnung, die Garage, der Schuppen, die Tiere und Menschen werden jedes Jahr wieder mit Weihwasser gesegnet.

Mit geweihtem Wasser soll auch die Natur von Katastrophen und Missernten verschont bleiben. Priester und Gläubige aus Dörfern und Städten gehen am Tag der Wasserweihe an den nächstgelegenen Fluss und schlagen ein Loch in Form eines Kreises ins dicke Eis. Mit dem heilsbringenden Kreuz, meistens aus vergoldetem Silber, wurde das Flusswasser während des Gottesdienstes im Freien gesegnet; der Platz auf dem Fluss wurde ebenfalls Jordan genannt. Dieser Brauch gewinnt erst jetzt wieder an Bedeutung, weil er bis zur Perestroika verboten war und „Kulthandlungen" nur in der Kirche stattfinden durften.

An der Wasserweihe in der Natur nahmen vor der Revolution beinahe alle Bewohner einer Stadt oder eines Dorfes teil. Es war ein kirchliches

Gegenüber: Wasserweihe. Jedes Jahr, am 19. Januar, gehen die Gläubigen mit Eimern und Kannen – zur Erinnerung an Christi Taufe – in die Kirche, um Wasser weihen zu lassen.

68

Ereignis. In Moskau zum Beispiel gingen alle Priester der Stadt, angeführt vom Patriarchen der russisch-orthodoxen Kirche, vom Kreml zum Fluss Moskwa. Der Patriarch tauchte ein schweres, mit Brillanten geschmücktes Kreuz ins Wasser, der Kathedralchor sang dazu. Die Hände wärmte der Oberhirte für diese Zeremonie mit Handschuhen aus Goldbrokat und gefüttertem Fell; heute liegen diese Handschuhe für die Wasserweihe im Kreml-Museum.

Nach der Weihe des Flusses schlugen und bohrten die Gläubigen große Löcher in das dicke Eis und badeten im eiskalten Wasser. Tausende Männer, Frauen und Kinder stiegen durch die Löcher in den Fluss, weil keiner auf die Heilkraft des Wassers – noch vom Patriarchen mit dem wunderwirkenden Kreuz geweiht – verzichten wollte; während des Jordan-Festes badete buchstäblich ganz Russland im kalten Wasser. Auch diese Tradition soll demnächst wieder lebendig werden, obwohl sie ohne christlichen Hintergrund auch in sowjetischer Zeit praktiziert wurde.

Die Morschy (Walrösser) baden den ganzen Winter über in eiskaltem Wasser. Auf Flüssen und Seen sind den ganzen Winter über in Russland Menschen zu sehen, die große Löcher ins Eis bohren und dann ins eiskalte Wasser steigen. Für die heutigen Morschy ist das Eisbaden eine alte russische Tradition, in erster Linie aber Sport, Mutprobe und Abhärtung zugleich. Auch sie verfolgen mit dem Baden im kalten Wasser ein Ziel: den Körper abzuhärten. An die Reinigung der Seele denken sie erst dann wieder, wenn der Priester mit einem Kreuz das Wasser weiht. Darauf aber brauchen sie sicher nicht mehr lange zu warten; vielerorts gehen die Priester bereits wieder in die Natur, um Wasser zu weihen.

Wasser und besonders die Erde spielten und spielen im russischen Leben, überliefert aus dem Heidentum, eine große Rolle. Die Erde, der Boden, wird wie eine wahre Mutter des Menschen gesehen, die ihn zur Welt bringt, sich im Leben um ihn kümmert, für ihn sorgt und ihn nach dem Tod wieder in ihren Schoß aufnimmt. „Erde, Erde, feuchte! Allen Menschen bist du Vater und Mutter", heißt es in einem geistlichen Gedicht. Die Erde nennen die Russen „Heilige Mutter" oder einfach „die Heilige". Zwischen der Erde und dem Menschen besteht eine unzertrennliche Bindung wie bei einer Mutter und ihrem Kind. Und wenn die Erde eine göttliche Herkunft hat, dann hat auch der Mensch eine göttliche Natur, nur ist er nicht der Herr der Erde, sondern ihr Kind. Über seine Mutter, die Erde, trägt er das göttliche Zeichen in sich, deuteten die Russen die Beziehung von Erde und Mensch. Die Erde ist wie eine besorgte Mutter. Sie liebt ihre Kinder, beweint ihre Nöte und betet für sie. Die Erde habe, so wird in der russischen Chronik berichtet, während der tatarischen Besetzung Russlands vor der Gottesmutter und Gott selbst geweint. In der Schlacht zwischen Russen und Tataren auf dem Schnepfenfeld 1380 habe sie wieder ihre „russischen und tatarischen Kinder" beweint, die in diesem Kampf gestorben sind.

Die Erde ist für den Menschen die Quelle des Lebens, sie gibt Kraft, Gesundheit und heilt Krankheiten. Bei Fieber verbeugten sich die Menschen vor der Erde und baten sie für angetanes Leid um Verzeihung. Bei Krankheiten, deren Ursprung nicht festzustellen war, hatten sie neun Tage lang im Morgengrauen und in der Dämmerung die Erde anzuflehen: „Entschuldige, feuchte Mutter Erde, ich habe dir gegenüber gesündigt."

In der Erde findet der Mensch seine ewige Ruhe. Ihn „ruft die Erde", oder „er riecht nach Erde", sagen die Russen, bevor jemand

Gegenüber: Nicht weit von der alten Stadt Susdal, zwischen grünen Wiesen am Fluss Nerl gelegen, hat Fürst Bogolubski 1165 die weiße Mariä-Schutz-Kirche bauen lassen. Sie wird poetisch das „Gedicht aus Stein" genannt.

stirbt. Nicht alle aber, die Ungläubigen oder Sünder zum Beispiel, gelangen in den Schoß der Erde. Dem Feind und Gegner wünschten die Russen, dass sie die Erde nicht aufnehmen möge; sie beherberge nur äußerlich und innerlich saubere Menschen. Daher auch der Brauch, die Leiche vor der Übergabe an die Erde zu waschen und ihr saubere Kleidung anzuziehen. Soldaten zogen sich vor dem Kampf saubere Unterwäsche an, damit sie im Fall einer tödlichen Verletzung sauber begraben werden konnten. Die Erde ist „die Wohnung der Toten", die „Heimat", in der die Vorfahren begraben sind.

Wenn die Erde „heilig" ist, dann kann der Mensch sie auch beleidigen, ihr Schmerzen wie einem lebendigen Wesen zufügen, meinten russische Bauern, die das Christentum angenommen hatten, aber tatsächlich noch Heiden waren. Als die Bauern die Erde pflügten, wird in Russland erzählt, habe sie vor Schmerzen geschrien und geblutet. Da habe Gott sie und die Erde beruhigt: Weine und blute nicht, du wirst die Menschen ernähren. Bis heute hat der Kult der Erde, der heimatlichen Erde, nirgendwo eine solche Bedeutung wie in Russland.

Wasserweihe im Kloster Sergijew Posad bei Moskau. Das von Mönchen geweihte Wasser soll besonders helfen, Krankheiten zu heilen und Unheil zu verhindern.

DIE IKONE: KULTBILD UND KUNSTWERK

Besonders tief und nachhaltig hat das Heiligenbild der Russen, die Ikone, das Brauchtum geprägt. Seit Jahrhunderten begleitet die Ikone den gläubigen Russen durch das Leben. Auch im ersten Arbeiter- und Bauernstaat hat die Ikone für die russischen Christen wenig an Heilkraft eingebüßt. Sie beten vor ihr, zu ihr, knien vor ihr nieder, bekreuzigen sich, wenn sie nur in die Nähe einer Ikone kommen, stellen Kerzen vor ihr auf und küssen sie. Gottesdienst ist für die russisch-orthodoxen Christen ohne Ikonen nicht denkbar. Über und durch die Ikone kommen sie Gott, dem himmlischen Vater, näher. Über die Ikone halten sie mit dem Erlöser Zwiesprache.

Der heiliggesprochene Erzpriester Johann Kronstadt, ein sozial engagierter und prominenter Geistlicher im auslaufenden 19. Jahrhundert, gab seinen Gläubigen Formulierungshilfen für den Fall, wenn sie vor allem von Fremden nach dem religiösen Sinn von Ikonen gefragt würden: „... von ihnen haben wir einen viel größeren Gewinn als von allem, was wir auch von der besten und wohltätigsten Person erhalten könnten ... von ihnen kommt allzeit eine segnende Kraft und Hilfe für unsere Seelen, welche uns von der Sünde, vom Schmerz und der Krankheit rettet ..."

Der orthodoxe Glaube ist ein praktischer Glaube. Der russische Christ soll zuerst erleben, um sich dadurch mehr in das abstrakt-theologische Mysterium der Glaubenswelt hineinfühlen zu können. Selbst kritische Geister, aufgeklärte Intellektuelle in Russland, die mehr mit dem Kopf begreifen wollten und wollen, als „nur" mit dem Herzen zu empfinden, erlagen und erliegen noch der mystischen Wirkung von Ikonen.

Ausländer, die Russland besuchten, waren von der tiefen Frömmigkeit, der Heiligenverehrung und dem Ikonenkult überrascht und hatten Vergleichbares nirgendwo gesehen und erlebt. Der Erzdiakon Paul von Aleppa aus Kleinasien, der im 17. Jahrhundert in Russland weilte, notierte erstaunt: „... die Russen stehen von Anfang an und bis zum Ende des Gottesdienstes unbeweglich wie Steine, verbeugen sich unaufhörlich bis zur Erde und singen alle zusammen wie aus einem Munde Gebete; und was einen am meisten stutzig macht, dass auch Kleinkinder daran teilnehmen ... Ein jeder hat zu Hause eine unzählige Menge Ikonen, mit Gold, Silber und Edelsteinen verziert ..."

Obwohl die Revolution und die daraus entstandene Arbeiter- und Bauernmacht im Leben des russischen Menschen, vor allem des russischen Christen, Vieles verändert hat, sind auch in dieser Zeit alte Traditionen erhalten geblieben. An kirchlichen Feiertagen fanden in den geöffneten Gotteshäusern Prozessionen statt. Meterhohe Ikonen, goldene, silberne, mit Edelsteinen besetzte Kreuze, auch einfache aus Holz, wurden um die Kirchen getragen. Kirch- und Klosterplätze schmückten tonnenweise Blumen, mit denen kunstvoll Bilder von Heiligen geformt wurden. Während der Prozession wurde gesungen und inbrünstig gebetet. Dies durfte aber nur in der Kirche oder um sie herum stattfinden, wohlgemerkt in den wenigen, die es noch gab. Heute gibt es mehr Kirchen, mehr Priester, mehr Gläubige; die Maßstäbe sind ganz andere. Die Kirche und ihre Gläubigen brauchen sich nicht mehr einzuschränken, sie können sich entfalten. Prozessionen finden nicht mehr nur im Gotteshaus oder still und leise um die Kirche herum statt. Heute gehen die Priester und Tausende Gläubige mit Kerzen und Ikonen durch Dörfer und Städte.

Die gläubigen Russen sehen in der Ikone wie eh und je das Heiligenbild, mit dem ihr Leben unzertrennlich von der Geburt bis zum Tod ver-

Gegenüber oben:
Zu Ostern gehen die Russen nicht nur auf die Friedhöfe. Sie besuchen auch staatliche Denkmäler, um sie tonnenweise mit Blumen zu schmücken und der Kriegstoten zu gedenken.

Gegenüber unten:
Kirchprozession in einem russischen Dorf. An hohen Feiertagen werden Kreuze und Ikonen um das Gotteshaus getragen.

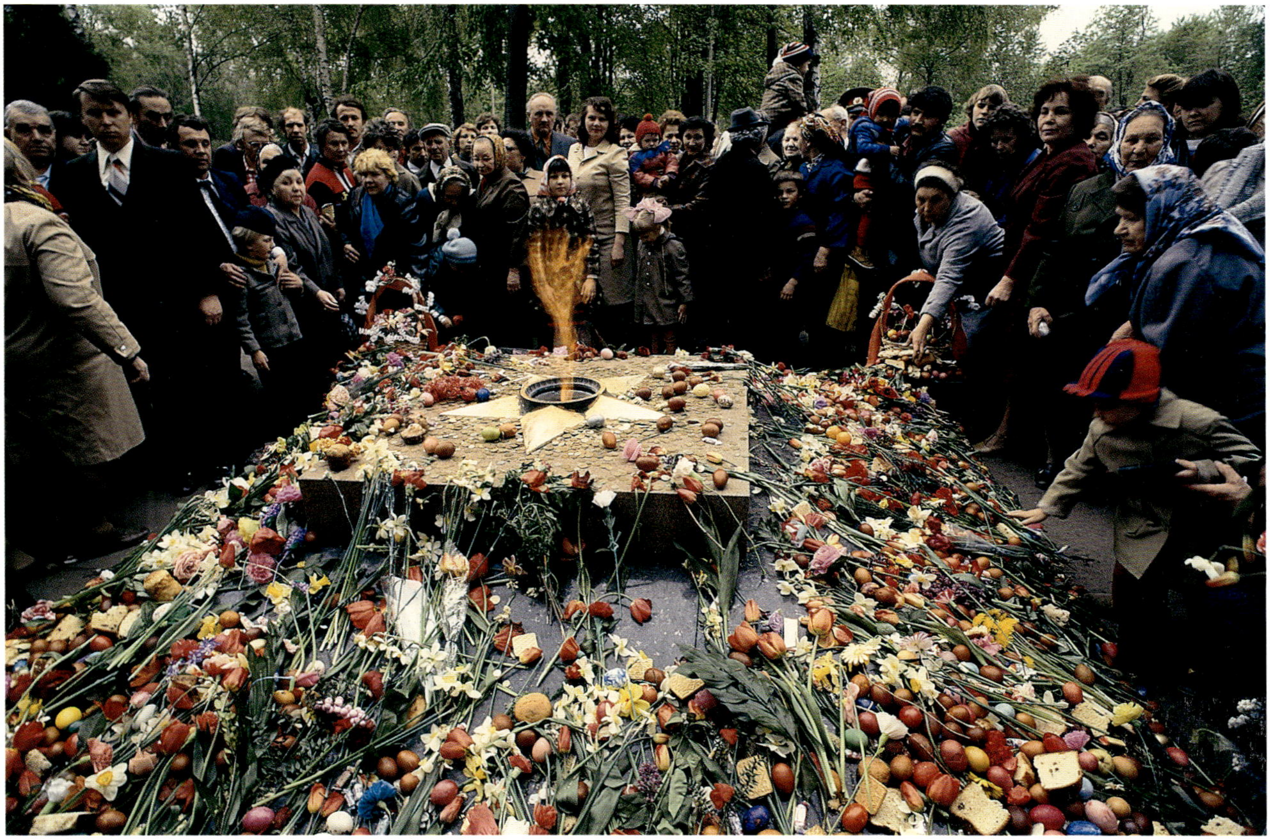

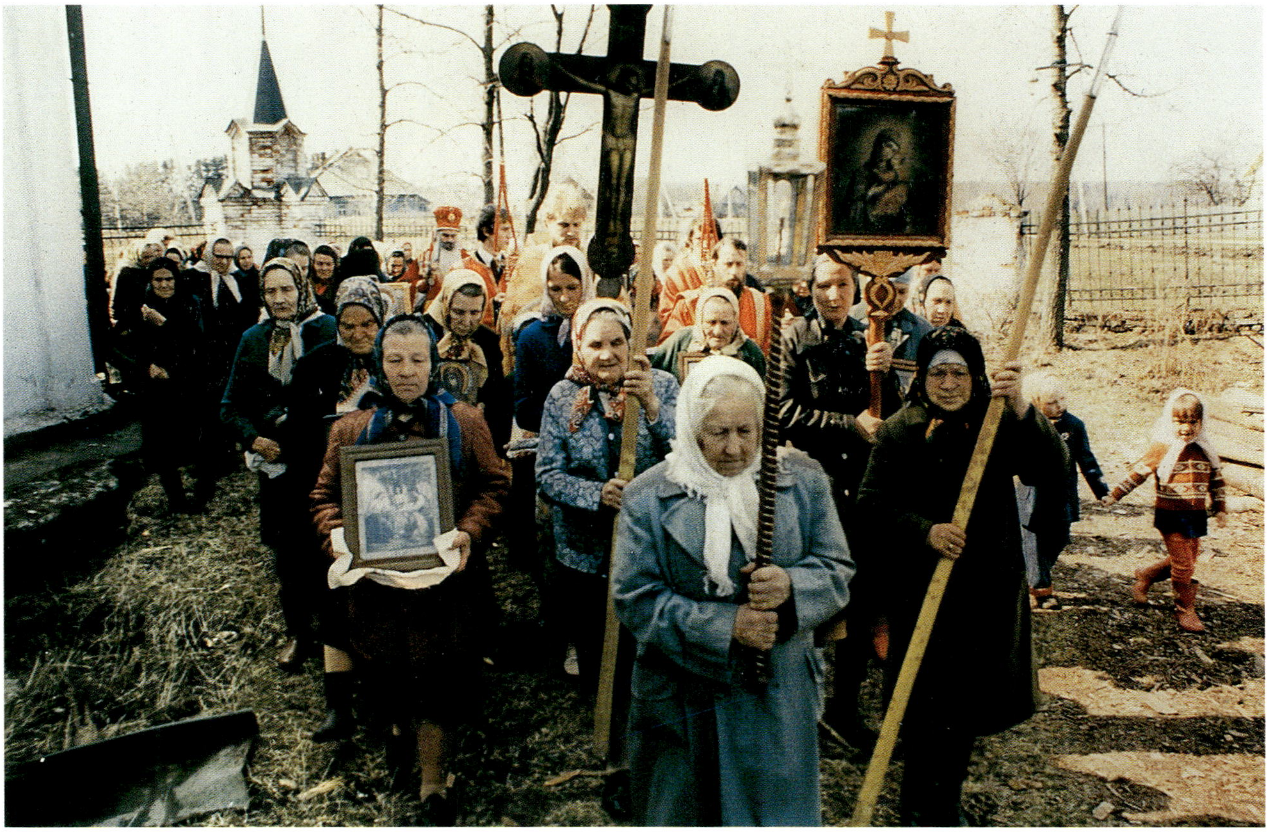

bunden ist. Am achten Tag nach der Geburt wird der Säugling getauft und bekommt einen christlichen Namen, den die Eltern gemeinsam mit dem Priester aussuchen. An diesem Tag wird bei einem Ikonenmaler, die es mittlerweile wieder zahlreich gibt, ein heiliges Bild in Auftrag gegeben, das genau nach den Maßen des kleinen Kindes (Länge und Breite) angefertigt wird. Das geschnittene Brett wird von einem Priester geweiht, und dann wird darauf der Heilige oder die Heilige gemalt, der oder die am Tag der Taufe im Kalender verzeichnet ist. Diese Ikonen nennen die Russen „Maßbilder" (von messen), sie begleiten den Gläubigen ein Leben lang. Nach dem Tod werden einige

zum Küssen führen; die jungen Ehepartner bekommen die Ikone geschenkt und ehren sie ein Leben lang.

Auf dem Totenbett werden dem Sterbenden eine brennende Kerze und eine Ikone in die Hände gegeben, das Kreuz auf der Brust trägt er immer. Während des Totenamtes in der Kirche sollen ihm Gebete, der Segen des Priesters und eine Ikone zum ewigen Gedenken helfen, seine Seele in den Himmel auffahren zu lassen. Dem Sarg wird auf dem Weg von der Kirche zum Friedhof eine Ikone vorangetragen.

Immer mehr junge Russen lassen sich kirchlich trauen und ihre Kinder taufen. Alte Menschen wollen in der Regel von einem Priester beerdigt

dieser Ikonen, wenn sie besondere Wunder an ihren Schützlingen bewirkt haben, in die örtliche Kirche gebracht, damit auch andere Gläubige zu ihnen beten und Barmherzigkeit erwarten können. Die Hochzeit der Kinder wird wiederum mit einer Ikone gesegnet. Das Brautpaar kniet vor den Eltern nieder, die ihnen das Heiligenbild zum Zeichen der Treue, eines gemeinsamen gesunden und sorgenfreien Lebens an den Mund

werden. Bei diesen religiösen Handlungen sind immer Ikonen dabei, die den jungen Leuten im Leben helfen und den Gestorbenen die Himmelspforten öffnen sollen.

In strenggläubigen Familien, in Russland keine Seltenheit, ist es üblich, dass beim Betreten oder Verlassen der Wohnung, zuerst und zuletzt, die Ikonen begrüßt und verabschiedet werden. Auch Gäste gehen oft, wenn sie die Wohnung

frommer Freunde betreten, zur Begrüßung nicht gleich auf die Gastgeber zu, sondern begeben sich erst in die Ikonenecke. Dort bekreuzigen sie sich dreimal und beten: „Herr, erbarme dich meiner." Dann wird der Hausherr mit den Worten „Gott gebe dir Gesundheit", einer Umarmung und Küssen auf die Wangen begrüßt.

Damit die Gebetsecke mit den heiligen Bildern nicht „geschändet" werden kann, haben manche Familien sogar Vorhänge angebracht, die bei Streit, unflätigen Reden, groben Wortwechseln, sündhaften Äußerungen zugezogen werden können. Ikonen im Schlafzimmer werden in manchen Familien verdeckt, wenn die Ehepartner Geschlechtsverkehr haben. Die Ikone, und damit der abgebildete Heilige, solle die unkeusche Tat nicht sehen, ist der naive Vorwand. Mit dem tiefen Glauben an die Ikone ist auch der Aberglaube entstanden, der allerdings im Lauf der Zeit zurückgedrängt wurde, aber immer noch vorhanden ist.

Durch Bräuche und Sitten in einzelnen Familien, Dörfern oder Städten wurden aus einfachen Ikonen oft wundersame Heiligenbilder. Manche orthodoxe Christen hatten Bedenken, fürchteten womöglich die Strafe Gottes, eine zerstörte oder vom Holzwurm zerfressene Ikone, die nicht mehr restauriert werden konnte, einfach auf einen „unwürdigen Ort" zu werfen.

Für manche war nur ein sauberer Fluss mit klarem Wasser ein Ausweg, ihm das heilige Bild anzuvertrauen. Sie warfen die Ikone mit beschwörenden Worten des Bedauerns, ein Abschiedsgebet sprechend, in die Fluten. Gläubige, die dann irgendwo die Ikone schwimmend entdeckten, aus dem Wasser fischten, glaubten an ein Zeichen Gottes, an eine Offenbarung. Das „Wunder" von der schwimmenden und plötzlich aufgetauchten Ikone wurde überall erzählt. Sogleich pilgerten Gläubige zu

dem Platz am Ufer, an dem die Ikone gefunden worden war. Oft sammelten sie gemeinsam mit ihrem Geistlichen Geld für den Bau einer Kirche oder Kapelle, die zu Ehren der wundersamen Ikone den Namen des abgebildeten Heiligen erhielt – ein neuer Wallfahrtsort war geboren.

Andere Gläubige wiederum wollten die alt und gebrechlich gewordenen Ikonen in ihrer Nähe bestatten, um sie wie ihre Angehörigen immer wieder besuchen zu können. Häufig fand die Ikone in der Tschasownja, einer kleinen Kapelle, am Feldweg unweit einer Ortschaft gelegen, die letzte Ruhe.

Während die Ikone in der Familie lebte, wurde sie oft wie ein Mensch behandelt. Sie wurde gewaschen, wenn sie schmutzig schien; sie wurde beschimpft und auch geschlagen, wenn der von der Ikone erflehte Wunsch nicht in Erfüllung ging. Und Wünsche an das Heiligenbild hatten die Russen immer. Nichts ging ohne die Ikone. Wenn ein Haus brannte, wurde nicht gleich mit Wasser gelöscht, sondern erst die Ikone ums Haus getragen. Gesät wurde mit der Ikone auf dem Rücken, damit das Getreide besser wuchs. Derjenige Bauer, der trotz Ikone eine schlechte Ernte hatte, lieh sich für die nächste Saat die Ikone von seinem erfolgreichen Nachbarn aus. Bäcker hatten Ikonen in der Backstube, damit das Brot und die Brötchen nicht verbrannten.

Der unerschütterliche Glaube – vor allem russischer Dorfbewohner – an die Hilfe, Fürsprache und Heilkraft der Ikone brachte geschäftstüchtige Priester auf den Gedanken, aus Ikonen Wundertätige zu machen und damit Geld zu kassieren. Am besten eignete sich dafür die in ganz Russland hochverehrte Ikone der Gottesmutter. Sie weinte, alle waren gerührt.

Die Tränen aus dem Auge der Gottesmutter liefen, weil Betrüger in die obere Augenecke ein Loch ge-

Gegenüber: Eine Großmutter betet mit der Enkeltochter in der „schönen" oder „stillen" Ecke ihrer Wohnung, wo Kreuze und Ikonen hängen, mit deren Hilfe sie den Heiligen und Gott näher kommen wollen.

bohrt hatten, das auf der Rückseite trichterförmig verbreitert worden war. In den Trichter klemmten sie einen mit Salzwasser getränkten Schwamm. Beim Berühren oder Küssen der Gottesmutter-Ikone kamen durch den Druck Tränen aus dem Auge. Diese waren etwas salzig und vermittelten somit den Eindruck von echten Tränen.

Wenn die Gottesmutter in der Kirche schon weinte, erklärten die Priester den Gläubigen, dann müsse wohl auf dem Dorf, der Stadt, den Gläubigen ein Fluch lasten, der nur durch ein sündhaftes Leben zu erklären sei. Davon befreien könnten sie sich nur, wenn sie zur Gottesmutter beteten, sie küssend um Gnade bäten, vor allem aber Opferbereitschaft zeigten und spendeten. Das trickreiche und geldträchtige „Wunder" verbreitete sich schnell im alten Russland.

Ikonen unter Gläubigen gegen Geld zu kaufen, wurde als teuflisches Geschäft von der Kirche angeprangert. Mit einem Trick meinten viele, die Klippen der Sünde umschiffen zu können. Die Lüge in die eigene Tasche hieß dann Tausch, nicht Verkauf, und die Seele blieb sauber. Auf die eine Seite des Tisches wurde die Ikone, auf die gegenüberliegende das Geld gelegt. Dann wechselten Käufer und Verkäufer die Plätze und steckten Geld und Ikone ein.

Mittlerweile allerdings ist für aufgeklärte Russen, gläubige und ungläubige, die Ikonen sammeln, das Kultbild auch zum Kunstobjekt geworden. Je älter, desto begehrter und wertvoller. Als Bilder, in denen die Kunst und nicht die Wundertätigkeit gesehen wird, hängen sie an den Wänden von kunstsinnigen Gläubigen und Atheisten, von leidenschaftlichen Sammlern.

In staatlichen Museen von Moskau, St. Petersburg, Nowgorod oder Pskow sind die Ikonen auf bevorzugte Plätze gerückt, die von Millionen Russen und Besuchern anderer Na-

tionalitäten aus der ehemaligen Sowjetunion bewundert werden. Sie werden dort ebenfalls als Bild (nicht als heiliges Bild), als Kunstwerk, als Zeugnis einer vergangenen nationalen Kultur ausgestellt. Priester und Kunsthistoriker an den Museen gerieten nach der Perestroika nicht selten aneinander. Manche Pfarrer, nicht unbedingt mit Kunstverstand gesegnet, wollten aus den Museen Ikonen für ihre zurückerhaltenen Kirchen haben, aus denen nach der Revolution alle Ikonen gestohlen, zerstört oder in Museen verbracht worden waren. Die Wissenschaftler sperrten sich dagegen und wollten wertvolles Kunstgut aus vergangenen Jahrhunderten nicht wieder in Kirchen geben, in denen ständig die Temperatur wechselt, das Kerzenlicht Ruß absondert, sie vor allem nicht gegen Diebstahl gesichert sind. Die Kontrahenten fanden vorerst einen Kompromiss. Ikonen, die für alle – künstlerisch und geistlich – ein nationales Heiligtum sind, werden ab und an in Kirchen ausgestellt und für besondere Gottesdienste von den Museen ausgeliehen.

Die ersten russischen Maler waren Ikonenmaler. Die nationale Kunst war bis zu Peter dem Großen Anfang des 18. Jahrhunderts gleichzeitig eine religiöse Kunst. Obwohl gläubige und ungläubige Russen die Ikone aus verschiedenen Gründen lieben und verehren, hat sie doch für beide eins gemeinsam: Sie sind stolz auf die Ikonen.

Während der Revolution, danach in den zwanziger, dreißiger Jahren, bis etwa Ende der fünfziger Jahre haben sich nur ausgesprochene Kenner, Liebhaber und Kunstfanatiker für die vergangene nationale Kultur interessiert und eingesetzt. Viele hatten einfach Angst, weil es politisch gefährlich war, sich offen und sichtbar zu der Ikonenmalerei der „reaktionären Vergangenheit" – dazu noch der religiösen – zu bekennen. Die Karrieristen und Opportunisten

redeten dem vom Staat propagierten, ideologisch verankerten „sozialistischen Realismus" das Wort. Ikonen sammelten aus politischen Gründen nur wenige.

Mit dem Wandel in Russland hat sich auch die Einstellung zu der alten Ikonenkunst geändert. Mittlerweile sind gute Ikonen selten zu haben und teuer. Denn immer mehr reiche Russen, die hohe Einkommen haben, eine Villa, ein Auto, eine Eigentumswohnung, eine Datscha auf dem Land schon besitzen, kaufen als Geldanlage teure Ikonen.

Nur wenige Russen hatten die ästhetische Liebe zur Ikone und den Mut, wie zum Beispiel der Maler Ilja Glasunow aus Moskau, schon früh Ikonen zu sammeln. Ilja Glasunow, streitbarer und umstrittener Künstler, besitzt privat eine der besten und umfangreichsten Ikonen-Sammlungen in Russland. Für die (heute) wertvollen Stücke hat er oft nicht einmal einen Rubel bezahlt. Als Kunststudent am berühmten Repin-Institut im damaligen Leningrad begann er, altes russisches Kulturgut zu sammeln. Und die älteste Kunst in der russischen Malerei ist die Ikone.

Ilja und seine Freundin Nina bereisten den nahen Norden Russlands mit dem Zug. Auf der Insel Kischi im Onegasee lagen in ehemals schönen Holzkirchen Ikonen im wahrsten Sinne des Wortes einfach herum. Um die meisten Kirchen kümmerte sich Mitte der fünfziger Jahre niemand. Sie waren besitzerlos, wurden nicht bewacht und dienten nicht mehr als Gotteshäuser. In der Regel waren die Fenster kaputt, die Türen eingeschlagen, und durch die Dächer regnete es hinein. An den Wänden hingen beschädigte Ikonen. Niemand interessierte sich für sie. „Wir haben Ikonen gesammelt und viele vor dem Verfall gerettet", sagte Glasunow.

Ilja und Nina zogen von Dorf zu Dorf, von Kleinstadt zu Kleinstadt.

Viele Kirchen, das wussten sie mittlerweile, waren von Kolchosen zu Lagerhallen für Gemüse, Kartoffeln oder Getreide umfunktioniert worden. Die Ikonen, auf Holz gemalt, dienten dabei als billige Lagerbretter. Die größte, älteste, schönste und damit auch wertvollste Ikone, die Glasunows besitzen, wurde als Trennwand zwischen Kartoffeln und Getreide benutzt. Eine Nikolaus-Ikone (1,20 x 1,50 Meter groß), zu Anfang des 16. Jahrhunderts gemalt, sollte ursprünglich weggeworfen werden, weil das Lager der Kolchose aufgelöst werden sollte. Die beiden Leningrader kamen zufällig vorbei und konnten das „wertlose Brett" kostenlos mitnehmen.

Eine andere Ikone, der heilige Georg, ebenfalls aus dem 16. Jahrhundert, diente als Deckel auf einem Gurkenfass. Dieses Brett bekamen sie unter der Bedingung, dass sie einen Ersatzdeckel für das Gurkenfass besorgten. In anderen Kirchen hatten Arbeiter zerstörte Fenster mit Ikonen aus dem 16. oder 17. Jahrhundert zugenagelt. Eine Ikone, die als Fensterverschlag diente und an der noch heute die Löcher von den Nägeln zu sehen sind, hängt bei Glasunows in Moskau im Atelier.

Für buchstäblich ein paar Rubelchen hat ein anderer russischer Kollektionär eine wertvolle Ikonen-Kollektion zusammengetragen. Ich besuche ihn zu Hause. Ein kleiner, untersetzter Mann öffnet mir die Tür und bittet mich freundlich in die Wohnung. Er hat schon russischen Tee gekocht und Gebäck auf den Tisch gestellt. Ich solle nicht zu viel davon essen, denn gleich gebe es noch etwas typisch Russisches: Schtschi, eine Kohlsuppe. Während ich meine Suppe esse, schaue ich mich in dem kleinen Zimmer um, in dem wir sitzen. Überall hängen große Ikonen, eine schöner und älter als die andere.

Nikolaj Worobjow, Mitte sechzig und von Beruf wie Glasunow Maler,

In der ostkirchlichen Kunst ist Georgs Pferd meistens weiß, während Demetrios von Thessaloniki ein braunes Pferd reitet. Im Westen ist Georgs Pferd in der Regel braun. Dies wird damit erklärt, dass sein Fest in die Saatzeit fällt (23. April). Der katholische heilige Martin (11. November) erscheint dagegen auf einem Schimmel, da sein Fest die Winterzeit ankündet.

Die Verehrung des heiligen Georg ist seit dem 4. Jahrhundert bezeugt. Viele Legenden überwucherten seine historische Person. Wallfahrten ins Heilige Land und vor allem die Kreuzzüge brachten seinen Kult aus dem Orient in den Westen, und schon im 13. Jahrhundert unter den Normannenkönigen wurde er zum Schutzpatron von England. In der katholischen Kirche zählt dieser meistverehrte Märtyrer des Mittelalters als Patron der Krieger, Ritter, Reiter und Pferde, Waffenschmiede, Bauern, Armenhäuser und Asyle, Schützen und verschiedener geistlicher Ritterorden zu den 14 Nothelfern, welche das Patronat über eine bestimmte Gruppe von Menschen oder Tieren innehaben. Sein Fest ist auch in der katholischen Kirche der 23. April. Seit dem 12. Jahrhundert wird er auch hier als junger, hoch zu Ross mit dem Drachen kämpfender Krieger dargestellt.

sammelt seit drei Jahrzehnten Ikonen. Er will allerdings nicht einfach nur Sammler sein. Für ihn ist die Ikone nicht nur ein Kunstwerk, das ihm gefällt, und eine günstige Kapitalanlage, sondern er sieht in ihr, wie eben alle russisch-orthodoxen Christen, auch einen Kultgegenstand. Worobjow: „Für gläubige Russen ist die Ikone das Fenster zur Ewigkeit, die Mittlerin zwischen dem Irdischen und dem Himmlischen."

Deshalb spricht der Sammler und gläubige Maler auch nur ungern über Geld, wenn die Rede auf seine Kollektion kommt. „Ganz ohne Geld geht es freilich nicht", erzählt er fast beschämt. Die Tatsache, das an seinen Wänden Dutzende von teuren Ikonen hängen, spielt er herunter und übergeht auch die Frage nach den Preisen. Das sei ganz unwichtig, meint er. „Für mich ist die Ikonenmalerei die höchste Kunst überhaupt."

Wie und woher er die Ikonen bekommen hat, davon erzählt der Sammler Worobjow leidenschaftlich gern. An jedes Detail erinnert er sich. Mit seinem damals noch kleinen Sohn ist er oft tagelang unterwegs gewesen. Mit dem Zug sind sie gefahren, schwere Rucksäcke haben sie kilometerweit geschleppt.

Die Dörfer, die sie besuchten, liegen Hunderte von Kilometern von Moskau entfernt. Einige von ihnen sind nur mit dem Schiff zu erreichen; sie sind so klein und so weit von jeglicher Zivilisation entfernt, dass selbst die Eisenbahn einen großen Bogen um sie macht. Dort haben Vater und Sohn Ikonen gesucht, russische Landschaften und Dorfbewohner gemalt. „In diesen russischen Dörfern ist der liebe Gott nach wie vor zu Hause und die Ikone kein Kunstwerk, sondern ein heiliges Bild. Dort hatte ich Erlebnisse, die ich nie vergessen werde", erinnert sich Worobjow.

In Nischnyje Tojma, einem kleinen Ort am Fluss Dwina im Bezirk Archangelsk, wollte er malen und nach Ikonen Ausschau halten. Für jede Ikone, die er bei den Dorfbewohnern fand, war er selbstverständlich auch bereit zu zahlen. Schon nach kurzer Zeit bot sich Nikolaj Worobjow – wie aus dem Bilderbuch – das gesuchte Sujet. Gleichzeitig hegte er die stille Hoffnung, auch eine Ikone zu bekommen.

Vor einem Holzhaus saß ein alter Mann, der sein zerfurchtes Gesicht und seine schwieligen und abgearbeiteten Hände in die Sonne hielt. Vor seinen nackten Füßen spazierte ein rotgefiederter Hahn stolz auf und ab. Worobjow malte den Mann und den Hahn. Als er fertig war, rief ihn der alte Bauer zu sich. „Komm her und zeig mir deine Zeichnung", sagte er lässig. Besonders der Hahn gefiel ihm. Dann erhob er sich von der Bank und bat Worobjow in sein Holzhaus. Der Hahn ging wie ein Hund hinter dem Hausherrn her. „Du sammelst alte Sachen?", fragte er seinen Gast ganz unverblümt. Worobjow nickte zustimmend und erklärte dem Bauern, dass er Maler sei und alte russische Sachen liebe, sie sammle und in Ordnung bringe. „Und du kaufst Ikonen?", war seine zweite überraschende Frage. Bevor Worobjow antworten konnte, setzte der Alte nach: „Das ist nicht gut. Ikonen darfst du nicht kaufen. Das ist Sünde." Sprach's und verschwand hinter der Tür.

Nach einer Weile kam er wieder zurück und hatte eine angedunkelte große Ikone aus dem 17. Jahrhundert in der Hand. „Hier, nimm. Wer weiß, was mit ihr passiert, wenn ich sterbe? Du bringst sie in Ordnung. Werde glücklich mit ihr." Er machte eine Pause, als wollte er für einen entscheidenden Satz Luft holen. „Gib mir bitte kein Geld dafür. Biete nur ja keins an", beschwor er den Maler. Nur die Zeichnung wollte er haben.

Viele Ikonen hat Worobjow geschenkt bekommen.

Die Ikone: Vermittler zwischen Himmel und Erde

Die Kirchenväter Russlands verstehen und verstanden die Ikone als Mittler zwischen Erde und Himmel, den Menschen und Gott; Bilder und Symbole seien eine Notwendigkeit der menschlichen Natur. Sie erklärten in sichtbarer Form viele Dinge der geistlichen Welt, welche ohne Bilder und Symbole nicht zu verstehen seien. Dies sei auch der Grund dafür, dass der Sohn Gottes oftmals die Menschen in Bildern und Gleichnissen unterwiesen habe.

In der russisch-orthodoxen Kirche ist vor allem das Bild, die Ikone, in den Mittelpunkt gerückt worden: Wenn jemand die Ikone verehre, so verehre er durch sie Gott. Über die Ikone soll die Botschaft Jesu Christi verkündet werden. Möglichst vollkommen in Inhalt und Form sollten die Ikonenmaler das Abbild darstellen. Durch die Menschwerdung des Gottessohnes wird auch sein Urbild, so definieren es die russischen Theologen, in konkreten Umrissen vermittelt. Gott selbst hat sich durch seinen Sohn als Bild auf einer Ikone dargestellt. Über und durch die Ikone spricht Gott mit seinem Gefolge; die Ikone ist das Werkzeug Gottes, durch das er Wunder vollbringt: Kranke heilt, sie vom Tod errettet oder Armeen auf dem Schlachtfeld siegen lässt.

Eine besondere Bedeutung hat in der russisch-orthodoxen Kirche die Ikonostase, die den Altar vom Kirchenschiff trennt. Die Ikonostase ist meist prunkvoll und für alle Kirchenbesucher schon durch ihre Größe sichtbar. Mehrere Ikonenreihen, unterbrochen durch vergoldete Säulen, ergeben ein Wandgemälde oft von riesigen Ausmaßen, das den Gläubigen und Besucher mit tiefer Bewunderung und Ehrfurcht erfüllt. Sie ist eine Sinfonie in Gold, der Symbolfarbe des Göttlichen. Der Gläubige steht vor ihr und darf nicht hinter sie. Sie ist die Trennwand zwischen den Gläubigen und den Priestern, dem Altarraum für die Geistlichen und dem Kirchenschiff für die Gläubigen.

Die Ikonostase soll außerdem das mystische Geschehen, das sich zwischen dem irdischen und himmlischen Dasein abwickelt, sichtbar machen, das sich hinter ihr unsichtbar vollzieht „Die Ikonostase zeigt uns den Unterschied zwischen dem Sichtbaren und dem Unsichtbaren; sie ist sozusagen der Grenzbalken zwischen den materiellen und den geistlichen Dingen", sagt die russische Kirche. Mit ihren vielen Ikonen, die alle ein anderes Thema beschreiben, soll die Ikonostase die Einheit der göttlichen und menschlichen Welt versinnbildlichen. Die gemalte und geweihte Trennwand, ob groß oder klein, ist nach einer festgelegten Ordnung gegliedert, die sich kaum ändert. Die obere Reihe besteht aus Ikonen, auf denen die Vorväter, wie Moses und Abraham aus dem Alten Testament, abgebildet sind. In der Mitte dieser Reihe ist meist eine Dreifaltigkeits-Ikone mit der „Vaterschaft" ersetzt. In der Reihe darunter wird die Gottesmutter abgebildet, umgeben von Propheten, die mit Texten in der Hand und dem Blick auf Maria das Erscheinen Christi ankündigen. Dann kommt eine Reihe mit Festtags-Ikonen aus dem Leben Christi und der Gottesmutter.

Die nächste Reihe der Ikonostase ist die wichtigste, in der die Deesis (Bitte, Gebet) dargestellt wird: Christus sitzt auf einem Thron zwischen der Gottesmutter und Johannes dem Täufer, als Weltrichter im Mittelpunkt; Heilige und Erzengel, weiter außen postiert, bitten Christus um die Vergebung der Sünden.

In die unterste Reihe der Ikonostase sind drei Türen eingebaut. In der Mitte befindet sich die Zarentür, auch Königs- oder Paradiestür genannt, die zum Altar führt. Durch die seitlichen Türen gehen die Priester in die Prothesis, den Eucharistieraum, und in das Diakonikon, die Sakristei.

Gegenüber: Die Ikonostase in der Mariä-Entschlafen-Kathedrale im Moskauer Kreml. An dieser Ikonostase, der Trennwand zwischen Priestern und Gläubigen, hat der berühmte Ikonenmaler Dionissi gearbeitet. Von überall her, aus allen Teilen Russlands, wurden die besten Ikonen geholt und in der Kirche untergebracht.

Die Zarentür besteht in der Regel aus Ikonen, auf denen die vier Evangelisten und Mariä-Verkündigung abgebildet sind; neben der Zarentür sind rechts Christus und links Maria dargestellt.

Damit sich die Gläubigen noch mehr und besser mit den Heiligen identifizieren können, haben die Kirchenväter auch die örtlichen Vorbilder berücksichtigt. Neben Christus steht eine Ikone, auf der der Kirchenpatron abgebildet ist. Neben der Gottesmutter ist ein Heiliger zu sehen, der in der Kirchengemeinde besonders verehrt wird. Auf den seitlichen Türen, von der Liturgie her weniger bedeutend, sind unter anderem Engel oder Heilige dargestellt. Gekrönt wird die Ikonostase am häufigsten von einem Kruzifix.

Ikone und Liturgie sind in der Orthodoxie eng miteinander verbunden. Der Höhepunkt des orthodoxen Gottesdienstes ist die Eucharistie. In ihr vollzieht sich die Vereinigung der irdischen und himmlischen Gemeinde beim Einzug des Auferstandenen. Der Priester spricht die Worte: „Wir bringen Dir das Deinige von Deinigen dar, nach allem und für alles." Während der Eucharistie kommt in der orthodoxen Kirche der Himmel auf die Erde herab. Christus erscheint als Gottessohn. Die Ikone hat die Aufgabe, dieses Mysterium bildhaft auszudrücken.

In der Ikonostase ist der liturgische Ablauf während des Gottesdienstes festgehalten. Jeder Festtag, auch jeder Tag, hat eine besondere Ikone, die in der Kirche untergebracht ist.

Besonders zahlreich sind in Russland die wundertätigen Gottesmutter-Ikonen: etwa vierhundert an der Zahl. Die berühmteste Ikone Russlands – und nicht nur unter den Gottesmüttern – ist die Ikone der Gottesmutter von Wladimir. Diese Ikone Marias mit dem Jesuskind auf dem Arm, das älteste christliche Heiligtum, ist der Legende nach eine von drei Ikonen, die vom Apostel und Evangelisten Lukas gemalt worden sind. Als Maria die auf Holz gemalten Heiligenbilder bei Lukas gesehen hatte, sagte sie ihm: „Gebenedeit werde ich nun von allen Völkern. Die gesegnete Güte, die von mir geboren wurde, wird auch die meine mit den heiligen Ikonen sein."

Das Heiligenbild wurde dann der Legende nach im 5. Jahrhundert von Jerusalem nach Konstantinopel gebracht. Dort blieb das Gnadenbild sieben Jahrhunderte lang. Der Patriarch von Konstantinopel schenkte es 1130 dem Großfürsten von Kiew, Juri Wladimirowitsch Dolgorukij, der es im Kiewer Vorort Wyschgorod im Jungfrauenkloster aufstellen ließ. Als der Wyschgoroder Großfürst Andrej Bogoljubskij gegen die russischen Fürstentümer Rostow-Susdal im Norden zu Felde zog, nahm er das Gnadenbild, das unterwegs Wunder gewirkt hatte, mit auf den langen Weg.

Am Fluss Kljasma hielt die Ikone, wie es heißt, plötzlich an. Die Pferde konnten sich nicht mehr fortbewegen; aber nicht sie hielten an, sondern die Ikone. Im russischen Sprachgebrauch lebt, geht, kommt, erscheint... eine Ikone.

Dem russischen Fürsten Bogoljubskij erschien die Gottesmutter, und sie wies ihn an, nicht weiter nach Rostow zu ziehen, sondern der Stadt Wladimir die Ikone zu bringen; seither trägt die Ikone den Namen „Wladimirskaja". Um die Ikone würdig unterzubringen, bauten die Stadtväter für sie 1160 die Uspenskij-Kathedrale (Mariä-Entschlafen-Kirche). An der Stelle vor Wladimir, an der die Ikone angehalten hatte und dem Fürsten die Gottesmutter erschienen war, ließ er eine Kirche, ein Kloster, das Bogoljubskij, und später eine ganze Stadt errichten, die den Namen Bogoljubowo erhielt.

Zu Ehren der Gottesmutter ließ der Fürst noch eine Ikone, die Bogoljubskaja, anfertigen. Er beauftragte griechische Ikonenmaler mit diesem

Werk. Sie hatten Maria so zu malen, wie sie dem Fürsten erschienen war: Die Gottesmutter, in ganzer Gestalt, hält in der rechten Hand eine geöffnete Schriftrolle, die linke ist ausgestreckt wie in flehentlicher Bitte um Vergebung der Sünden. Die Ikone wurde in die Klosterkirche gebracht und der 18. Juni zu ihrem Festtag bestimmt. Wunder dieser Ikone hatten sich bald bis Moskau herumgesprochen, und diese wiederum veranlassten den Großfürsten Wassilij Dimitrjewitsch, eine Kopie für die Moskauer Hofkirche und Kreml (Erlöser-Kirche) anfertigen zu lassen. Der Großfürst Wassiljewitsch ließ 1432 noch eine Kopie für die Sretenie-Kirche im Kreml malen und zur Hofikone, vor der die Moskauer Fürsten beteten, erklären. Peter der Große baute für die von ihm hochverehrte Bogoljubskaja-Ikone 1690 sogar eine Kathedrale im Moskauer Wissokopetrowskij-Kloster.

Andere Ikonenmaler inspirierten Andrej Bogoljubskij und die gleichnamige Ikone zu eigenen Werken. Der gottergebene Fürst kniet vor der Gottesmutter; in dem Ikonenzyklus „Molenje o narodje" (Gebet fürs Vaterland), ein beliebtes Motiv im 16. Jahrhundert, betet die Gottesmutter zu Christus, vor ihr knien und stehen Heilige, Fürsten und Geistliche.

Die Gottesmutter von Wladimir wiederum wurde bald zur Wundertäterin des russischen Nordens. Gläubige aus Wladimir, aus den umliegenden Orten Twer, Murom oder Rostow pilgerten in die majestätische Uspenskij-Kathedrale, um zu der von weither gekommenen Ikone zu beten, Gesundheit oder eine gute Ernte zu erbitten oder den Feind aus dem Land vertreiben zu helfen.

Das von Geistlichen der Kathedrale zusammengestellte Manuskript „Wunder der Gottesmutter-Ikone von Wladimir" wurde bald in ganz Russland bekannt. Die „göttlichen Feuerstrahlen", die von der Ikone ausgingen, halfen dem Fürsten

Bogoljubskij 1164, die Wolga-Bulgaren, die das Gebiet von Rostow und Susdal bedrohten, zu besiegen. Vor dem Heer marschierten Priester mit einem Kreuz und der Ikone von Wladimir. Der Fürst betete vor der Schlacht zur Gottesmutter: „Jeder, der Dir vertraut, wird nicht fallen, und ich Sünder habe in Dir eine Mauer und einen Schutz." Anschließend knieten der Fürst, die Offiziere und Soldaten vor ihr nieder, küssten sie und gingen furchtlos in den Kampf.

Die wundertätige Ikone wurde erstmals 1395 nach Moskau gebracht, als die tataro-mongolischen Heere unter Tamerlan, von den Russen die „Geißel Gottes" genannt, bis an den Don vorgedrungen waren und Moskau bedrohten. Der Moskauer Großfürst Wassilij stellte sich den feindlichen Truppen am Ufer der Oka entgegen, der Metropolit Kiprijan ließ die wundertätige Gottesmutter-Ikone von Wladimir holen. „Die ganze Stadt ging ihr entgegen", heißt es in der Chronik, „mit brennenden Kerzen, Kreuzen, Ikonen, Weihrauch, Gebeten, Gesängen und Tränen in den Augen empfingen die Moskowiter das rettende heilige Bild auf dem Kutschkowofeld an der Wladimir-Straße. Tamerlan stand fünfzehn Tage lang an einer Stelle, ohne sein Heer in den Kampf zu schicken, dann kehrte er um."

Die Legende sagt, dass am 26. August 1395 (als die Ikone aus Wladimir in Moskau eingetroffen war) Tamerlan im Zelt geschlafen und einen Traum gehabt habe. Vor ihm stand ein Berg, auf dem sich Heilige mit goldenen Stäben bewegten, über ihnen erschien eine leuchtende Frau, die Tamerlan befahl, Russland zu verlassen. Der Führer der Mongolenheere, erschreckt durch die Vision der Gottesmutter, gab sofort Befehl umzukehren. Der Großfürst und der Moskauer Metropolit bestimmten danach, das Fest der Gottesmutter von Wladimir am

Muttergottes Wladimirskaja, vermutlich Anfang 12. Jahrhundert in Byzanz entstanden. Tretjakow-Galerie, Moskau.

Die Ikone der Muttergottes von Wladimir ist die am meisten verehrte und berühmteste wundertätige Muttergottesikone in Russland. Sie wurde im 20. Jahrhundert auch in der übrigen christlichen Welt bekannt. Ihr Ehrentitel „Mutter der russischen Erde" weist auf ihren engen Zusammenhang mit der russischen Geschichte hin, die sie über Jahrhunderte begleitete und viele Wunder bewirkte. Der Legende nach wurde die Ikone – wie die berühmte Hodegetria – vom Apostel und Evangelisten Lukas gemalt und im 5. Jahrhundert von Jerusalem nach Konstantinopel gebracht. Sie gelangte um das Jahr 1136 als Geschenk des Patriarchen von Konstantinopel nach Kiew, wo sie im Nonnenkloster von Wyschgorod aufbewahrt wurde. 1155 nahm Fürst Andrej von Bogoljubowo († 1174) die Ikone mit nach Wladimir, wo sie am 21. September 1160 in der neu erbauten Mariä-Entschlafen-Kathedrale aufgestellt wurde. Die Stadt Wladimir, Hauptstadt des Rostow-Susdaler Fürstentums, war nach der Zerstörung Kiews durch die Mongolen das kirchliche, politische und kulturelle Zentrum des russischen Reiches geworden. Am 26. August 1395 wurde die Wladimirskaja in die von einem Heer des Tatarenkhans Timur Lenk (Tamerlan) bedrohte Stadt Moskau gebracht, wo sie vom ganzen Volk ehrfurchtsvoll empfangen und in die Mariä-Entschlafen-Kathedrale des Moskauer Kreml gebracht wurde. Am selben Tag befahl Tamerlan überraschend den Rückzug. Die Legende erzählt, dass er die Vision einer auf einem Berge stehenden, von Engeln mit feurigen Schwertern umgebenen Frau gehabt hat. Diese habe ihm befohlen, die russische Erde zu verlassen.

Am 23. Juni 1480 kam die Ikone endgültig nach Moskau, ins neue Zentrum des russischen Reiches, denn sie wurde in höchster Not gebraucht. Diesmal bedrohte der Tatarenkhan Sultan Achmat die Stadt und wurde mit Hilfe der „Muttergottes von Wladimir" vertrieben. Die Tataren zogen am Fluß Ugra ab, ohne dass es zwischen den Heeren zu einer Schlacht kam. Mit diesem als „Stehen an der Ugra" in die Geschichte eingegangenen Ereignis wurde das Ende der 250 Jahre dauernden Tatarenherrschaft in Russland besiegelt.

Dem Gnadenbild von Wladimir wird noch die Errettung Moskaus vor dem Krim-Khan Mehmed Girej am 21. Mai 1521 zugeschrieben, der sich beim Anblick des großen Heeres des Fürsten Wassilij Iwanowitsch vor Moskau umgehend zurückzog. Der Narr in Christo Wassilij betete in der Nacht zuvor zur Muttergottes um die Rettung von Moskau.

Von 1480 bis 1917 war der Platz der „Muttergottes von Wladimir" in der Ikonostase der Mariä-Entschlafen-Kathedrale im Moskauer Kreml. Vor ihr wurden seit 1547 nicht nur alle russischen Zaren gekrönt, sondern auch der erste autokephale (gegenüber Kostantinopel selbstständige) russische Metropolit im Jahre 1448 und mit Jow der erste russische Patriarch im Jahre 1589 eingesetzt. Dieser Brauch wurde bis zur Oktober-Revolution beibehalten. Seit 1918 befindet sich die wundertätige Ikone in der Tretjakow-Galerie und wird heute aus konservatorischen Gründen nur zu feierlichen Liturgien und besonderen Anlässen in die Kathedrale des Moskauer Kreml gebracht.

26. August zu begehen und an der Stelle, an der die Ikone von den Moskowitern in Empfang genommen worden war, eine Kirche der „Ehrenhaften Begegnung" (Tscherstnoje sretenie) zu bauen und ein Kloster zu errichten.

Einen weiteren Sieg ohne Blutvergießen schenkte die Ikone den Heeren 1480, als Moskau von Chan Ahmet bedroht wurde, der am Fluss Ugra stand. Das der Stadt Wladimir zurückgegebene Heiligenbild wurde abermals – am 23. Juni – nach Moskau geholt. Zur Erinnerung an diesen Sieg wurde der 23. Juni zum Festtag der Gottesmutter-Ikone von Wladimir bestimmt. Noch mehrmals – bis 1541 – wurde Moskau von den tatarischen Eroberern bedroht und immer wieder von der Gottesmutter von Wladimir errettet. Zu Ehren der Gottesmutter von Wladimir wurde noch ein Festtag, der dritte, am 21. Mai bestimmt. Vor diesem Heiligenbild wurden alsbald russische Metropoliten und Patriarchen geweiht und Zaren bei ihrer Krönung gesalbt. Viele Kirchen wurden nach der „Wladimirskaja" benannt und zahlreiche Ikonen nach dem Urtypus gemalt.

Von 1480 bis 1830 hing die Gottesmutter von Wladimir in der Mariä-Entschlafen-Kathedrale im Kreml von Moskau, dann wurde sie ins Historische Museum gebracht und befindet sich jetzt in der Tretjakow-Galerie. Für die Museumsbeamten ist die Ikone ein Zeugnis der russischen Geschichte und Kunst. Für die Gläubigen, die das Museum besuchen, ist und bleibt sie eine wundertätige Ikone, vor der sie sich oft auch in dem weltlichen Gebäude bekreuzigen.

Viele russische Historiker und Kunsthistoriker haben sich mit der Gottesmutter-Ikone beschäftigt und übereinstimmend festgestellt, dass die Ikone Anfang des 12. Jahrhunderts in Konstantinopel entstanden ist. Etwa 1136 ist sie nach Wysch-gorod bei Kiew und 1155 vom Fürsten Andrej Bogoljubskij nach Wladimir gebracht worden. Von der Zeit an hat sie der Legende nach Wunder vollbracht. Auch die Überführung der Ikone von Wladimir nach Moskau im Jahre 1395 und 1480 wird von Historikern bestätigt.

DIE GOTTESMUTTER VON KASAN

Kasan, die ehemalige Hauptstadt eines tatarischen Fürstentums, wurde Mitte des 13. Jahrhunderts gegründet. Zahlreiche Kämpfe zwischen Russen und Tataren um Kasan endeten schließlich mit der Eroberung der Stadt durch Iwan IV im Jahre 1552. Mit einem hundertfünfzigtausend Mann starken Heer hatte Iwan die Tatarenstadt belagert und nach sechswöchigem Kampf eingenommen. Der Zar selbst war mit dem Kampfbanner in der Hand den russischen Soldaten vorausgeeilt, als diese zauderten und den Tataren weichen wollten. Mit der endgültigen Eroberung der Stadt zogen immer mehr orthodoxe Russen nach Kasan und verdrängten die moslemischen Tataren an die Peripherie. Nach dem Einzug der Russen passierte auch das Wunder mit der Ikone zu Kasan.

Im Haus des Russen Daniel Onutschin brach am 23. Juni 1579 ein Brand aus, der einige Straßen um den Kreml herum vernichtete. Als Onutschin mit dem Aufbau seines Hauses beginnen wollte, erschien seiner neunjährigen Tochter Matrona im Traum die Gottesmutter und erzählte ihr, dass unter den Trümmern eine Ikone begraben liege und sie geborgen werden sollte. Das Kind ging zu Geistlichen und selbst zum Bischof, ohne jedoch bei ihnen Gehör zu finden. Daraufhin suchte das Mädchen die Ikone selbst und fand sie auch. Sie lag unter dem Ofen des verbrannten Hauses, eingewickelt in einen alten Stoff.

Der Legende zufolge ist sie dort während der Tatarenherrschaft versteckt worden, als die Christen von den moslemischen Eroberern verfolgt wurden. Die Ikone wurde in feierlicher Prozession in die Nikolaus-Kirche gebracht, in der sie Wunder vollbrachte und zum Beispiel Blinde wieder sehend machte. Der Erzbischof von Kasan schickte sogleich eine Kopie der Ikone mit einem genauen Bericht über Herkunft und Wundertätigkeit an den Zaren Iwan den Schrecklichen nach Moskau. Der Herrscher im fernen Moskau befahl, an der Stelle, an der die heilige Ikone gefunden worden war, eine Kirche und ein Nonnenkloster zu bauen, in dem die Ikone unterzubringen sei. Dort wirkte sie immer wieder Wunder, vor allem an Blinden und Augenkranken. Diese beten bis heute zu ihr und erwarten von der Ikone Hilfe und Linderung. Zur Erinnerung an die Erscheinung der „Ikone der Allerheiligsten Gottesmutter" in der Stadt Kasan feiert die russische Kirche seit 1595 am 8. Juli ihr Fest.

Einen zweiten Festtag zu Ehren der wundertätigen Gottesmutter-Ikone von Kasan legten die Kirchenväter auf den 22. Oktober. Mit diesem Tag erinnern sie an die Befreiung Moskaus von polnischen Heeren im Jahr 1612. Am Anfang des 17. Jahrhunderts war Russland von Feinden umringt, besetzt und in einem Zustand des staatlichen und moralischen Verfalls. Die alte Zarendynastie der Rjurikiden ging mit dem Tod von Fjodor Iwanowitsch zu Ende, die neue, die der Romanows, begann 1613.

Die Schweden hatten Nowgorod besetzt, dem polnischen König Wladyslaw gehörte halb Russland. Schon viele Russen hatten sich damit abgefunden, einen polnischen König auf dem russischen Zarenthron zu sehen. Aber die treuen und gläubigen Söhne des Vaterlandes, wie es in der Chronik weiter heißt, konnten es nicht

zulassen, dass ein Ausländer und noch dazu ein Andersgläubiger Zar von Russland wurde. Der Nowgoroder Bürger Minin forderte alle, die ihr Vaterland lieben und ehren, auf zu kämpfen: „Wir erheben uns für die heilige Rus, für das Haus der Allerheiligsten Gottesmutter, für die Wundertäter Alexij, Fotij und Filip, wir verkaufen unsere Frauen und Kinder, aber wir befreien unser Vaterland."

Der Aufruf von Minin hatte gezündet. Der Bojar Poscharskij und der Novize Polyzin organisierten den Kampf gegen die fremden Besatzer. Freiwillige aus allen Teilen Russlands rückten an. Auch aus Kasan kamen sie und brachten ihre wundertätige Ikone mit. Vor dem Gefecht holten sie sich Rat bei dem Heiligenbild. Mit Hilfe der Ikone aus Kasan entrissen die Russen den Polen das Jungfrauenkloster in Moskau und nahmen polnische Soldaten gefangen.

Zwischen den Führern des freiwilligen Heeres kam es zu Streitigkeiten, und die Ikone wurde 1611 wieder nach Kasan geschickt. Auf dem Weg dorthin gelangte sie in die Stadt Jaroslawl, in der mittlerweile russische Freiwillige, organisiert von Minin, aus Nyschnyj-Nowgorod, eingetroffen waren. Der Heerführer Poscharskij, der von Wundertaten der Ikone im Kampf um Moskau gehört hatte, behielt die Ikone bei sich; immer wieder beteten er und die Offiziere vor ihr und baten sie um Rat und Hilfe.

Dann zog das Heer nach Moskau, um die Stadt von den Polen zu befreien. Die Übermacht der Polen war groß. Nur mit Hilfe Gottes und Hilfe der Ikone aus Kasan sei die Schlacht zu gewinnen, stellten die Russen fest. Vor dem entscheidenden Gefecht beteten und fasteten die Krieger drei Tage lang vor der Gottesmutter-Ikone aus Kasan. Am 22. Oktober 1612 besiegten die gottesfürchtigen Russen unter den Augen des aus

Griechenland angereisten Erzbischofs Arsenij das polnische Heer und befreiten Moskau. Die Wundertaten der Gottesmutter-Ikone von Kasan verbreiteten sich in ganz Russland wie ein Lauffeuer. Kirchen in vielen Dörfern und Städten erhielten ihren Namen, unzählige Ikonen wurden nach dem Vorbild der „Kasanskaja" gemalt.

Die von allen Russen bis zum heutigen Tag verehrte Original-Ikone ist seit dem japanisch-russischen Krieg von 1905 nicht mehr aufgefunden worden. Dabei war von Anfang an nicht sicher, in welcher Stadt und in welcher Kirche sich das Original der Gottesmutter von Kasan befand. Als der Kasaner Bischof 1579 Iwan dem Schrecklichen die Ikone (oder eine Kopie) nach Moskau geschickt hatte, waren die Moskowiter und die Kasaner Gläubigen davon überzeugt, jeweils das Original zu besitzen. Fürst Poscharskij, der die Ikone im Feldzug gegen die Polen bei sich hatte, erbaute 1636 ihr zu Ehren die Kasaner Kathedrale am heutigen Roten Platz in Moskau und brachte sie dort unter. 1934 wurde die Kirche abgerissen. Zar Peter der Große, der die Metropole seines Reiches von der Moskwa an die Newa nach Petersburg verlegt hatte, nahm 1721 die von Iwan dem Schrecklichen nach Moskau geschickte Ikone mit nach Petersburg, um sie im Alexander Newskij-Kloster unterbringen zu lassen. 1811 schließlich wurde sie in die ihr zu Ehren erbaute Kasaner Kathedrale von Petersburg gebracht und zum „allgemeinen Heiligtum der Hauptstadt" erklärt.

DIE GOTTESMUTTER VON TICHWIN

Das Erscheinen einer Ikone an einem Fluss, in einem Dorf oder auf einer Wiese wurde in Russland immer als Zeichen für besonderes Heil gedeutet. Dort, wo Ikonen erschienen waren – und es erschienen der Legende nach viele –, wurden in der Regel eine Kirche, eine Kapelle und oft noch ein Kloster errichtet, wenn den weltlichen und kirchlichen Hierarchen die Wunder des Heiligenbildes für sie, ihre Untergebenen und die Gegend bedeutend genug waren. Für den Bau teurer Kirchen oder mächtiger Klosteranlagen war ihnen kein Geld zu schade. So ist auch das weit und breit bekannte Uspenskij-Kloster in Tichwin entstanden.

Unter dem Fürsten Dimitrij Donskoj erschien 1383 in Nowgorod eine Gottesmutter-Ikone, die durch die Luft flog. Als Erste sahen Fischer die auf einer Wolke über dem Onegasee schwebende, glänzende Ikone, die sich allmählich entfernte. Zunächst hielt sie am Fluss Ontscha, in der Nähe des Onegasees, im Ort Smolnowo an, dann schwebte sie nach Wimotschenizi. Die Ikone „ging in der Luft" von Ort zu Ort. Überall dort, wo sie angehalten hatte, errichteten die Gläubigen ihr zu Ehren Kirchen und Kapellen. In der Nähe von Tichwin am Fluss Tichwinka blieb sie endgültig stehen, wie es heißt.

An dieser Stelle wurde zunächst eine Kirche aus Holz, dann eine aus Stein gebaut. 1560 ließ Zar Iwan der Schreckliche das Uspenskij-Kloster mit einer dicken Mauer umbauen.

Als 1613 die Schweden Nowgorod erobert hatten und auch das Kloster in Tichwin erstürmen wollten, trugen die Mönche das Gnadenbild mit Gebeten und Gesängen um das Kloster. Die Schweden machten kehrt, erschienen aber ein Jahr später wieder, um die strategisch wichtige Klosterfestung einzunehmen. Die Mönche kämpften gegen die Übermacht des Feindes auf Leben und Tod und konnten so das Kloster verteidigen. Daraufhin holten die Schweden aus dem von ihnen besetzten Nowgorod weitere Soldaten. Das Kloster konnte nunmehr nur noch durch ein Wunder gerettet werden. Und das Wunder geschah. Die schwedischen Soldaten, die sich Tichwin näherten, sahen plötzlich ein riesiges, in glänzenden Rüstungen ausgestattetes Heer vor sich stehen, das von der Gottesmutter und Engeln mit Flügeln angeführt wurde. Die schwedischen Krieger packte panische Angst, und sie kehrten um. Das Kloster blieb den Mönchen erhalten.

Mit Hilfe der Ikone waren die Schweden gezwungen worden, Frieden mit den Russen zu schließen. Bevor die Gesandten des Zaren aus Moskau nach Stolbowo reisten, um mit den Schweden einen Friedensvertrag zu unterzeichnen, begaben sie sich zuerst in das fünfundfünfzig Kilometer entfernte Kloster von Tichwin. Zu den Verhandlungen mit den Schweden nahmen sie eine Kopie der Gottesmutter-Ikone mit, die ihnen Beistand und den Vertrag von 1617 ermöglichte. Diese Ikone befindet sich seit 1898 in der Moskauer Mariä-Entschlafen-Kathedrale.

So sei der endgültige Sieg der Russen über die Schweden in der Schlacht bei Poltawa 1709 mit der wundertätigen Hilfe der Gottesmutter-Ikone von Tichwin, einen Tag nach ihrem kirchlichen Fest, errungen worden. Der russische Feldherr und Bezwinger der Schweden, Graf Scheremetjew, dankte der Ikone und ehrte sie mit einem weiteren Kloster in der Nähe von Kursk; ihr zu Ehren wurden im ganzen Land Kirchen gebaut und gleichnamige Ikonen gemalt.

DIE GOTTESMUTTER-IKONE VON POTSCHAJEW

Diese Ikone erhielt ihren Namen von dem Kloster in Potschajew (Wolhynien), in dem das wundertätige Heiligenbild seit 1597 aufbewahrt wird.

Maria selbst hatte der Legende nach den Berg Potschajew für das Kloster bestimmt; dort ist sie in Form einer Feuersäule erschienen.

Ein Fußabdruck, aus dem bis heute eine Quelle sprudelt, blieb zurück. Der griechische Metropolit Neophit, der durch Wolhynien reiste, schenkte die Ikone der Gutsherrin Anna Gojska, die sie in ihrer Hauskapelle aufstellte. Schon bald vollbrachte sie Wunder. Helle Strahlen erleuchteten die Ikone, die nach einem innigen Gebet der Anna Gojska dem blindgeborenen Bruder das Augenlicht wiedergab; daraufhin brachte sie die Ikone in das Kloster Potschajew. Zu ihr und zur heiligen Quelle reisten und reisen Pilger aus ganz Russland, die für ihre kranken Beine oder blinden Augen Heilung erhofften und auch heute noch erhoffen. Tausende fahren jährlich in das Kloster; gemeinsam mit den Mönchen erbitten die frommen Russen von der Ikone und der Quelle Wunder und danken für die geleistete Hilfe.

Auch die Ikone von Potschajew diente dem orthodoxen Vaterland und besiegte die Tataren, die im Dienst der Türken Polen erobern sollten. Als die Tataren 1675 das Kloster von drei Seiten her umzingelt hatten und stürmen wollten, flehten die Eingeschlossenen die Gottesmutter und den Ortsheiligen Iow um Hilfe an. Während des Gebetes vor der wundertätigen Ikone erschien über der Dreifaltigkeits-Kirche des Klosters die Allerheiligste Jungfrau. Sie war umringt von Engeln mit Schwertern, und vor ihr stand der gerechte Iow und bat sie inbrünstig, das Kloster zu retten. Die Tataren zogen ihre Pfeile und schossen auf die Gottesmutter und den heiligen Iow. Die Pfeile aber kamen zurück und verwundeten diejenigen, die sie abgeschossen hatten. Die Tataren gerieten in Panik, rannten Hals über Kopf vom Berg Potschajew und warfen ihre Waffen weg. Alljährlich gedenken die Mönche und Gläubigen in einem Gottesdienst zu Ehren der wundertätigen Ikone der Errettung des Klosters.

Nach der Gründung der christli-

Gegenüber:
Gottesmutter von Tichwin, russisch, 16. Jahrhundert. Festtag: 26. Juni (Tag ihrer Erscheinung).

Die Muttergottes von Tichwin gehört zu den am meisten verehrten und auch am häufigsten gemalten Marienikonen Russlands. Das Kloster Mariä-Entschlafen in Tichwin, am Flüsschen Tichwinka, war der Namensgeber des heiligen Bildes. Eine Gottesmutter-Ikone flog 1383 über der Stadt Nowgorod. Die Ikone „ging in der Luft" von Ort zu Ort. Überall dort, wo sie angehalten hatte, errichteten die Gläubigen ihr zu Ehren Kirchen und Kapellen. In der Nähe von Tichwin blieb sie endgültig stehen.

chen Rus 988 hatten die Russen alsbald auch ihre eigenen Heiligen, die
auf Ikonen dargestellt waren, nach
denen Kirchen benannt und die vom
Volk innig verehrt wurden. Die ersten russischen Heiligen sind Brüder:
die Fürsten Boris und Gleb. Die Söhne des Kiewer Großfürsten Wladimir
I erhielten von ihrem Vater die weit
von Kiew entfernten Fürstentümer
Rostow (Boris) und Murom (Gleb).
Nach dem Tod des Vaters 1015 er-
mordete der Halbbruder Swjatopolk
seine beiden Rivalen Boris und Gleb
im Streit um die Nachfolge als Großfürst von Kiew. Auch der dritte Bruder Swjatoslaw wurde eigenhändig
von Swjatopolk umgebracht.

Obwohl die Brüder Boris und Gleb
nicht im Kampf für den Glauben
gestorben sind, sondern „nur" Opfer
politischer Machtgier wurden, hat
sie die russische Kirche heiliggesprochen. Worin also hat die junge
russische Kirche die heiligen Taten
der jungen Fürsten gesehen? In den
Chroniken des 11. Jahrhunderts
erfahren wir wenig über ihr Leben
bis zum Tod, dafür umso mehr über
ihr christlich-heldenhaftes Sterben.

Nach einem Feldzug des jungen
Boris gegen die heidnischen Petsche-
negen erfährt dieser, dass ihn sein
Bruder ermorden will. Statt sich auf
einen Kampf gegen den Bruder vor-
zubereiten, schickt er seine Leibwa-
che fort. Er wartet mit einem Diener
am Fluss Alta auf die Mörder. Mit
Tränen in den Augen und Gebeten
verbringt er seine letzte Nacht. Ihn
bedrückt eine tödliche Wehmut.
Trost holt er sich aus den Psalmen
und dem Evangelium. Mut machen
ihm die Erinnerungen an die Märtyrer Nikita, Wjatscheslaw und Bar-
bara, die von ihren nächsten Angehörigen umgebracht worden waren.
Er bittet Gott um Beistand. Am
Morgen des 24. Juli betreten die
Mörder das Zelt von Boris und
werfen sich wie wilde Tiere auf ihn.
Fürst Boris, durch wuchtige Schläge
schwer verletzt, fleht seinen Bruder

und die Mörder an, ihn nicht gleich
zu töten, damit er noch zu Gott
beten könne. „Mein lieber und
geliebter Bruder, gebt mir noch ein
bisschen Zeit, um zu meinem Gott
zu beten", wird Fürst Boris in der
Chronik zitiert. Dann stellt er sich
wie ein Lamm mit Tränen in den
Augen seinen Mördern und spricht:
„Brüder, erledigt eure Pflicht, Friede
sei mit meinem Bruder und euch,
Brüder."

Boris' jüngerer Bruder, Fürst Gleb,
wird wenig später am Fluss Dnjepr
ermordet. Sein Halbbruder Swjatopolk lädt ihn scheinheilig nach Kiew
ein. Bei Smolensk werden ange-
heuerte Mörder auf das Schiff gelassen, auf dem sich Fürst Gleb befindet. Der Koch des Fürsten wird
bestochen und verrät seinen Herrn.
Er sticht ihm ein Messer „wie der
Fleischer dem Schaf" in den Hals.
Nach fünf Jahren (1020) überführt
ein anderer Bruder, Jaroslaw der
Weise, die Leiche der unschuldig
ermordeten Fürsten in die Kirche
des Heiligen Wassilij in Wyschgorod,
einer Vorstadt von Kiew. Noch im
selben Jahr (1020) werden die Brüder heiliggesprochen, und ein Strom
von Wallfahrern aus allen Teilen der
alten Rus besucht die Gräber der
ersten russischen Heiligen. Ihnen zu
Ehren wurden ein kirchlicher Feiertag bestimmt und ein Boris-und
Gleb-Gottesdienst eingeführt.

Im Lauf der Jahrhunderte wurden
in Russland etwa fünfzig Fürsten
und Fürstinnen heiliggesprochen, die
meisten von ihnen für ihre Taten und
ihr Verhalten in der Zeit der tataro-
mongolischen Unterdrückung (13.
bis 15. Jahrhundert). Sie hatten für
die Befreiung der alten Rus vom
tatarischen Joch und für das Christentum mit allen ihnen zur Verfügung stehenden Mitteln gekämpft.
Andere Fürsten wiederum erhielten
die höchsten kirchlichen Weihen –
vor der Mongolenherrschaft – für
ihren Einsatz bei der Christianisierung des Landes.

Истинное Изображенїе Чюдотворныѧ Їкѡны Престыѧ Бцы
Почаевскїѧ Вѣнчанныѧ Рокꙋ ауог дна ӥ септемврїа

Nach dem Märtyrern Boris und Gleb wurden die Fürstin Olga, christlicher Name Helena, und ihr Enkel Wladimir heiliggesprochen. Die Fürstin, die Kiew von 945 bis 962, also noch vor der offiziellen Annahme des Christentums durch Wladimir im Jahr 988, regiert hatte, habe sich schon von ihrem Enkel taufen lassen, heißt es. Ihr Bekenntnis zu Christus und die Verbreitung seiner Lehre rechtfertigten ihre Kanonisierung, meint die Kirche. Über die christlichen Fürsten habe Gott auch zeigen wollen, dass er die russische Erde liebe. Die Fürstin Olga habe in einer heidnischen Welt standhaft den Glauben verteidigt, Tag und Nacht für ihren Sohn, ihren Enkel und ihr ganzes Volk gebetet, das Jahre später – auch durch ihr Gebet – reif geworden war, sich im Dnjepr mit Wladimir taufen zu lassen.

Nicht die christliche Askese, die Taten von Olga und Wladimir, sondern die Barmherzigkeit und Güte Gottes ihnen und damit dem ganzen russischen Volk gegenüber, machten sie zu Heiligen. Christus habe sie erwählt, ihnen ihre Sünden im heidnischen Leben verziehen, weil er das russische Volk zu lieben begonnen habe.

Andere russische Heilige sind für ihre Liebe zu Gott und den Menschen, für ihren Kampf gegen die Sünde, ein tadelloses christliches und asketisches Leben heiliggesprochen worden. Als letzter in der Geschichte der russischen Heiligen wurde Serafim Sarowskij kanonisiert, der von 1759 bis 1833 gelebt hat. Er wurde am 19. Juli in Kursk als Sohn eines wohlhabenden Bauunternehmers geboren und auf den Namen Prochor getauft. Sein Vater, der die Kathedrale von Kursk mitgebaut hatte, starb früh. Prochor und sein Bruder sollten als Kaufleute ausgebildet werden. Doch Prochor interessierte sich schon mit zehn Jahren mehr für die Bibel und die Psalmen als für den Bau und das Kaufmännische. Der gottergebene Junge las in der Heiligen Schrift und ging regelmäßig in die Kirche. Mit achtzehn Jahren entschloss er sich, in ein Kloster einzutreten. Er fuhr nach Kiew, um an der Quelle des russischen Christentums für seinen Entschluss und monastischen Weg zu beten. Ein Jahr später trat Prochor ins Kloster in Sarow bei Tambowsk ein. Als Novize arbeitete er in der Bäckerei, der Gärtnerei und Tischlerei des Klosters. Vor allem aber hat er mehr als die anderen Novizen in der Kirche und in seiner Zelle gebetet. Sein Leben im Kloster war sparsam und asketisch. Er aß nur einmal am Tag und sehr wenig, mittwochs und freitags speiste er gar nicht. Seinen geistlichen Vater bat er, im Wald, der ihm die natürliche Ruhe gebe, beten zu dürfen. Als er im Kloster schwer krank wurde, ist ihm der Legende nach die Gottesmutter erschienen, die ihn aus der Krankheit herausgeführt habe. Er wurde Mönch und erhielt den Namen Serafim.

Sein ständiges und inniges Gebet brachte den Mönch in die himmlischen Sphären, wie die Chronik berichtet. Prochor sah Engel, die in der Kirche dienten und sangen, dann erschien ihm Christus, der die Gläubigen und Priester segnete. Er folgte Gottes Ruf, verließ die Klostergemeinschaft, wurde Einsiedler und bezog im Wald eine kleine Hütte ohne Fenster. Täglich aß er nur ein Stück Brot, das ihm von Klosterbrüdern gebracht wurde, und ab und an von seinem selbstgezogenen Gemüse. Bald verzichtete er auch auf diese Speisen und ernährte sich nur noch von bitterem Gras; mittwochs und freitags aß er – wie schon im Kloster – nichts.

Trotz der wenigen Nahrung arbeitete der Eremit tagsüber hart, nachts betete und meditierte er ohne Licht und Heizung, selbst im strengsten Winter. Schlaf gönnte er sich nur wenig auf dem nackten Fußboden.

Dennoch war sein Gesicht fröhlich und hell wie bei einem Engel, sagt die Chronik. Und wie in einem irdischen Paradies sind Füchse, Wölfe und Bären zu seiner Hütte gekommen, um aus seiner Hand zu fressen.

Die Kleidung von Serafim war einfach. Er trug eine wollene Mütze, eine weiße Kutte im Sommer wie im Winter und ein Kreuz um den Hals. In einem kleinen Rucksack hatte er immer das Evangelium bei sich, um jederzeit bei seinen langen Waldwanderungen darin lesen zu können. Im Wald, den er liebte, hatte er Plätze, die er Nazareth oder Jerusalem nannte. Jede Stunde, ob am Tag oder in der Nacht, las er Psalmen und Gebete. Gegen Abend vertiefte er sich in die Zwiesprache mit Gott und verbeugte sich dabei hundert Mal.

Prüfstein seiner grenzenlosen Liebe zu den Menschen war nicht nur das Gebet. Als Prochor 1804 im Wald mit Säge und Axt arbeitete, überfielen ihn zwei mit Knüppeln bewaffnete Räuber. Der Mönch legte die Axt aus der Hand und verzichtete darauf, sich zu verteidigen. Die Männer, die bei ihm Geld vermuteten, verletzten ihn schwer. Mit letzter Kraft erreichte er das Kloster und musste monatelang gepflegt werden. Da erschien ihm wieder die Gottesmutter und sagte, bezogen auf die beiden Räuber: „Das sind unsere Brüder." Nachdem die beiden Männer gefasst wurden und bestraft werden sollten, nahm der verletzte Mönch, der nur noch mit einem Stock gehen konnte, sie in Schutz und drohte, falls die Männer verurteilt würden, das Kloster und das Land zu verlassen. Nach dem Überfall im Wald änderte der Mönch sein Leben. Er fand einen großen Stein und wurde ein Stylit (Sonnenheiliger). Drei Jahre – tausend Nächte, heißt es in der Überlieferung – kniete Serafim auf dem Stein und betete mit zum Himmel erhobenen Armen: „Gott, erbann Dich Deines Sün-

ders!" Tagsüber kniete und betete er auf einem Stein, der etwas näher an seiner Hütte lag.

Der Mönch änderte wiederum sein Leben und wurde Schweigemönch. Das asketische und meditative Leben des Einsiedlers missfiel selbst seinen Brüdern im Kloster. Der Abt befahl ihm, wieder im Kloster zu wohnen. Der Mönch gehorchte und bezog eine kleine Zelle, in die er außer dem Priester, der ihm die Hostie brachte, niemanden hineinließ. Selbst bei größter Kälte ließ er seine Zelle unbeheizt. Er schlief ohne Bettwäsche auf einem Sack mit Steinen. Tagsüber und auch nachts betete er ohne Unterlass und verbeugte sich dabei immer wieder, Tausende Male täglich, wie es heißt.

Als asketisch-religiöse Übung trug er auf dem Rücken ein schweres Kreuz. Das Leben aus Gebet und Askese beeindruckte seine Brüder im Kloster. Sie wollten von ihm beraten werden, aber noch immer schwieg der Mönch.

Dann aber, 1825, erschien ihm wieder die Gottesmutter und befahl ihm, die Einsiedelei und das Schweigen aufzugeben, um anderen Menschen zu helfen und sie zu erfreuen. Nach fünfzehn Jahren der Einsamkeit öffnete der Mönch seine Klosterzelle. Brüder aus dem Kloster und Tausende Gläubige kamen zu Pater Serafim, der sie tröstete, ihnen Rat gab und den Weg zu Gott aufzeigte. Er wurde im Kloster Starez Serafim genannt und in ganz Russland durch seine heilkräftigen Gebete bekannt. Der Mönch vollbrachte Wunder, heißt es in der Chronik. Er heilte Kranke – jedoch nicht er, wie er sagte, sondern Gott allein hat die Macht. 1833 starb dieser außergewöhnliche Mensch. 1903 wurde er in Anwesenheit des Zaren heiliggesprochen.

Für den gläubigen Russen verkörpert der Mönch Serafim das Ideal des Heiligen – das Ideal des heiligen Russland.

Св. преп. Серафимъ.

WIEDERGEBURT DER KLÖSTER

Norbert Kuchinke

In der kleinen Stadt Chotkowo, etwa 20 Kilometer vor Sergijew Posad gelegen, durften Nonnen in das Heilige-Mariä-Schutz- und Fürbitte-Kloster 1992 wieder einziehen. Das schon im 14. Jahrhundert gegründete Kloster, in dem bis zur Revolution über 400 Nonnen lebten, wurde über 70 Jahre lang für weltliche Zwecke genutzt – eigentlich abgenutzt. Und wären die Nonnen nicht vor drei Jahren eingezogen, dann wären die einstigen Prachtbauten in ein paar Jahren nur noch zu nutzlosen Bauruinen verkommen, obwohl es in Russland überall an Wohnraum fehlt. „Sehen Sie", so begrüßt mich die Oberin des Klosters Olympiada, „wozu die Kommunisten in der Lage waren, was sie uns hier hinterlassen haben. Man muss sich schämen."

Die jungen Nonnen, die das Kloster seit kurzem bewirtschaften, brauchen sich nicht zu schämen. Im Gegenteil. Schon äußerlich ist ihr Fleiß, ist ihr unbedingter Einsatz zu sehen. Bei der Fahrt zum Kloster sehe ich die Stadt. Ich brauche viel Phantasie, um mir vorstellen zu können, wie die prächtigen Bürgerhäuser und Fabrikgebäude einmal früher ausgesehen haben. Der Putz ist abgefallen, Balkone hängen durchlöchert, gefährlich schief, jederzeit zum Herunterfallen bereit, an den Wänden. Vor lauter Löchern sind kaum noch Bürgersteige zu sehen. Überall liegt Müll herum. Eine Kleinstadt, wie tausend andere in Russland. Der Sozialismus

hat sie und die Menschen ruiniert. Im Klosterhof der Nonnen fällt der Kontrast zur Stadt besonders ins Auge. Noch ärmlich, aber aufgeräumt, ordentlich und sauber ist alles. Das Brennholz ist akkurat gestapelt, als hätten die Schwestern mit einem Lineal gearbeitet. Die Bausteine, die Ziegel, die Bretter liegen unter Plastikfolien. Blumenbeete sind angelegt. Nichts liegt einfach nur so herum. Eine andere Welt in Chotkowo. Und auch ein gutes Beispiel für die Menschen von Chotkowo. Denn die jungen Nonnen, die meisten sind gerade mal über zwanzig Jahre alt, sind ins Kloster gegangen, um ausschließlich Gott zu dienen. Das heißt für sie: zu arbeiten und zu beten, so will es die Klosterregel. Sie beten für sich und die sündigen Mitmenschen, sie arbeiten für das Kloster und für jene, die besonders im heutigen Russland Hilfe brauchen.

Die jungen Frauen, die aus allen Teilen der ehemaligen Sowjetunion nach Chotkowo ins Kloster gekommen sind und Nonnen wurden, wussten, was sie außer dem Beten erwartet, vor allem Arbeit, schwere Arbeit, und ein unbequemes Leben. In den ruinierten Kirchen und Gebäuden des Klosters waren und sind noch kleine Betriebe, Schlosserei und Schreinerei, untergebracht, und in den Wohngebäuden, wo ehemals Hunderte Nonnen lebten, wohnen Familien, mehrere Familien in einer Wohnung. Auf Russisch heißt diese Behausung: Komunalka (von Kommune). In die alten Klostergebäude wurden vor allem Asoziale, Trinker oder physisch und psychisch kranke Menschen und Familien einquartiert. Die Behausungen sind ohne Kanalisation und ohne fließendes Wasser. Das Klo, das kaum die Bezeichnung verdient, steht auf dem Hof, und das Wasser wird mit Eimern herangeschleppt. An den Gebäuden ist seit Jahrzehnten nichts mehr repariert worden.

Die angereisten frommen Frauen

Gegenüber: Die jungen russischen Nonnen – oft akademisch gebildet – verrichten im Kloster jegliche Arbeit, auch Schwerstarbeit, sie sägen Holz, schleppen Steine und mischen Beton.

104

brauchten Wohnraum, Klosterzellen sollten es sein. Doch auf die eigene, kleine Zelle müssen die meisten Schwestern, mittlerweile über 50 an der Zahl, noch geraume Zeit warten. Für die sozial schwachen weltlichen Mitbewohner des Klosters findet die Stadt nur schleppend Wohnraum in Chotkowo, sodass die jungen Schwestern zu zweit oder zu dritt in ein Zimmer ziehen müssen und im Nachbarzimmer einen Alkoholiker oder eine asoziale Familie zu akzeptieren haben. „Unsere Schwestern müssen schon Einiges aushalten, und ohne einen festen Glauben würden wohl viele verzweifeln", sagt die Oberin, die etwas besser wohnt. In einem Klostergebäude war ein kleines Gasthaus mit ein paar Zimmern untergebracht; dieses hat die Behörde bereits am Anfang geräumt.

Die gottesfürchtigen Schwestern freuen sich über jeden Erfolg, den sie auf ihrem Klostergelände erzielen. Und erreicht haben sie schon viel. Die kleine Kirche, in der sie täglich beten und Gottesdienste abhalten, haben sie schmuckkastenähnlich restauriert. Schon freuen sie sich auf die große Kirche, die Kathedrale, aus der sie nicht ohne Mühe die örtliche Feuerwehr ausquartiert haben. Für die Instandsetzung fehlt noch das Geld. „Aber Gott wird es schon richten", trösten sie sich. Unter dem ehemaligen Refektorium der Schwestern, das auch noch von Landwirtschaftsschülern belegt ist, richten sie bereits eine Bäckerei ein. Die Backmaschinen sollen sie vom Patriarchen in Moskau bekommen, berichtet die Oberin ehrfürchtig. Dem Oberhaupt der russischen Kirche habe wiederum ein ausländischer Gönner die nicht neuen Maschinen versprochen. Das Brot, schwarzes und weißes wollen sie backen, brauchen die Schwestern erst einmal für sich. Wenn sie mehr backen können, wollen sie das Brot an Kinderheime, alte Menschen und Arme verschenken. Diesen Menschen helfen sie

bereits jetzt. Die frommen Schwestern fällen und sägen nicht nur Holz, sie schleppen Ziegelsteine und mischen Beton und betreiben bereits eine Landwirtschaft. Zwanzig Kühe, fünf Schafe und ein Pferd stehen im Klosterstall. Das Vieh haben sie teils geschenkt bekommen, teils von Spendengeldern preiswert gekauft. Für die Weide- und Ackerfläche musste die Äbtissin mit den örtlichen Administratoren kämpfen. Um Moskau herum ist Land knapp und teuer. Keine Kolchose oder Sowchose will fruchtbaren Boden abtreten. Aber die Oberin hat zäh gerungen und ihr nahes Ziel erreicht, darauf ist sie stolz. Ihr fernes Ziel ist noch mehr Land, noch mehr Vieh. Die ehrgeizige Oberin, die von ihren Schwestern liebevoll Matuschka (zu deutsch: Mütterchen) genannt wird, will ihr Kloster so erweitern, dass wieder – wie einst – mehrere Hundert Schwestern in ihm leben können – und zwar fast autark.

Ganz in der Nähe des Klosters haben die Schwestern neun Hektar, 25 Kilometer weiter noch einmal 30 Hektar bekommen. Aber nicht als Eigentum. Sie dürfen das Land (kostenlos) nutzen, aber noch immer sperrt sich die Mehrheit im russischen Parlament gegen die Privatisierung von Grund und Boden. Auf dem Acker pflanzen die Schwestern Gemüse, Getreide und Kartoffeln an, auf der Weidefläche grasen die Kühe und Schafe, für den Winter sensen die Nonnen Gras und trocknen Heu für das Vieh. Die Milch wird zu Quark und Käse verarbeitet und auch frisch von der Kuh getrunken.

In der Fastenzeit, die orthodoxen Nonnen müssen den Glaubensregeln entsprechend oft – nicht nur zu Weihnachten und Ostern – fasten, verteilen die barmherzigen Frauen die gesamte Milch, den Quark und den Käse an die umliegenden Kinder- und Altersheime und an arme Menschen. Denn in der strengen Fastenzeit dürfen die Nonnen keinen Fisch

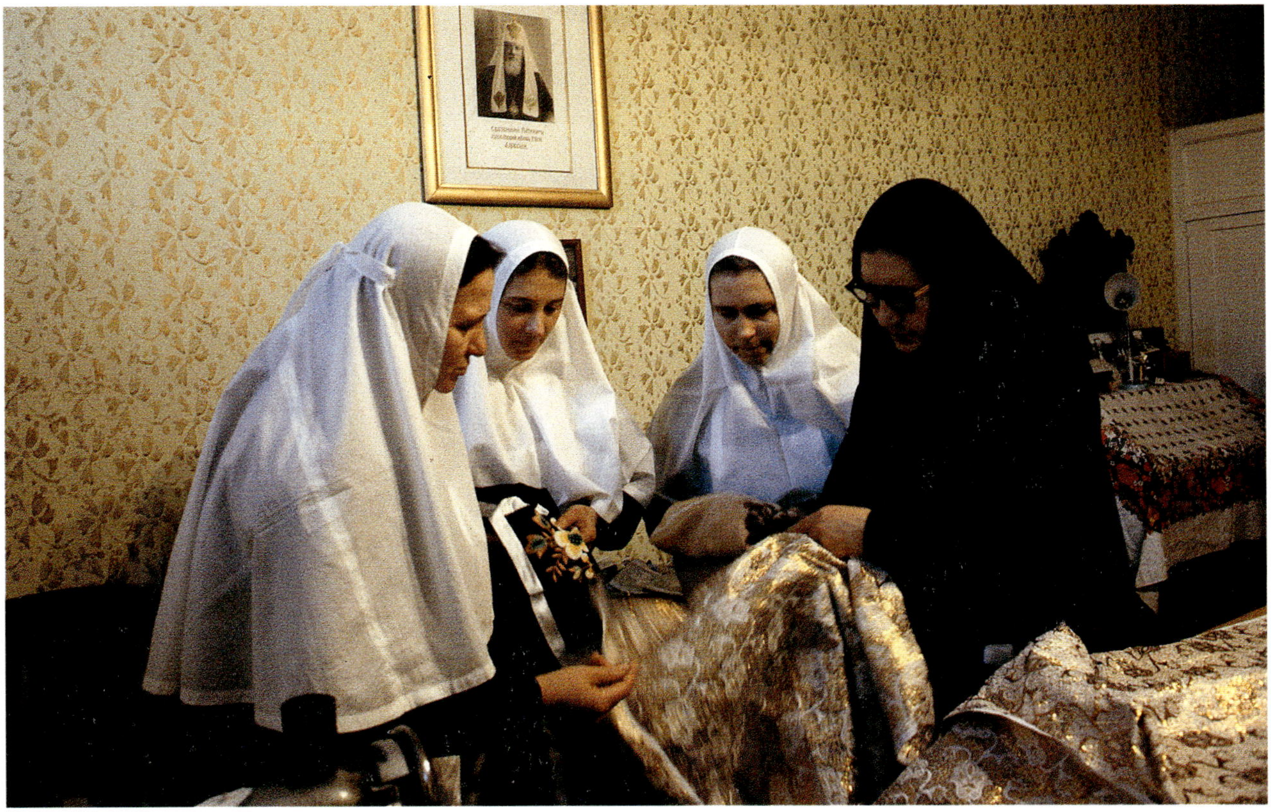

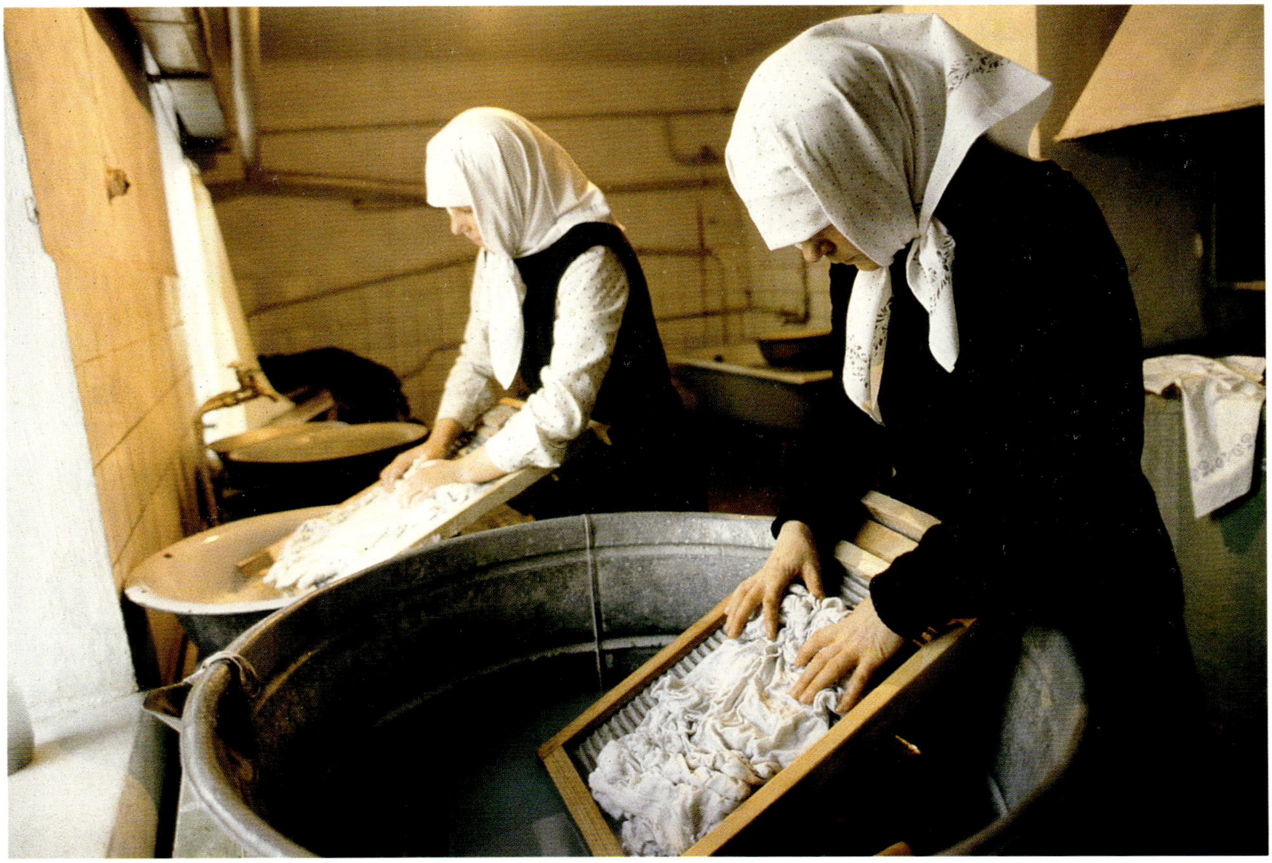

Mariä Schutz und Fürbitte (russisch: Pokrow), russisch, um 1500, Privatbesitz.

Den Feiertag Mariä Schutz und Fürbitte feiert die russisch-orthodoxe Kirche seit dem 13. Jahrhundert am 1. Oktober. Nur in Russland zählt dieses Kirchenfest zu den sechzehn wichtigsten. Der Legende nach erschienen die Muttergottes und andere Heilige dem Heiligen Narr in Christo Andreas und dem Heiligen Epiphanias in der Blachernenkirche in Konstantinopel. Nach einem Gebet breitete Maria ihr Schleiertuch als Zeichen des Schutzes über die Gemeinde aus.

Auf den russischen Pokrow-Ikonen werden in der unteren Bildhälfte Szenen aus der Legende des Heiligen Romanos des Meloden dargestellt, womit dem berühmtesten byzantinischen Kirchendichter und Sänger, dessen Gedenktag ebenfalls auf den 1. Oktober fällt, gedacht wird. Romanos († vor 565), der aus dem syrischen Emesa stammte, wurde Kleriker an der Marienkirche „en tois Kyru" in Konstantinopel. Dort wurden seine Reliquien verehrt. Unter dem Einfluss Ephrem des Syrers (4. Jahrhundert) und der kirchlichen Rhetorik in griechischer Sprache schuf er liturgische Hymnen, die zur Welt-literatur zählen. Dafür verwendete er die später als „Kontakion" bezeichnete Form der Vesperpredigt. Die Kontakien bestehen aus streng komponierten reimlosen Strophen. Abgesehen von der Eingangsstrophe (prooimion, koukoulion) weisen alle übrigen Strophen des Hymnus in jeder Zeile die gleiche Silbenzahl auf, wobei die Wortakzente an den gleichen Stellen gesetzt sind. Ein gleichlautender Refrain am Schluss jeder Strophe dient als Bindeglied. Romanos verstand es, die Aufmerksamkeit seiner Hörer durch vielfältige rhetorische Figuren, Bilder und Metaphern zu fesseln. Die Theologie seiner liturgischen Hymnen bewegte zutiefst die Herzen der Gläubigen. Er gilt als wahrschein-licher Verfasser des liturgisch bedeutsamen ältesten Marienhymnus Akathistos.

Die orthodoxe Kirche nennt den heiligen Diakon Romanos „Flöte des Göttlichen Geistes und der Kirche", „süßklingende Harfe", „Tonsaite der seligen Geistesworte". Die Legende stellt uns Romanos zunächst als ungebildeten, jedoch sehr frommen Küster in der Sophienkirche zu Konstantinopel vor. An Weihnachten zwingen böswillige Kirchensänger den im Singen Unbedarften, im Beisein des Kaisers allein auf dem Ambo zu singen. Nach seinem misslungenen Auftritt weint und betet Romanos lange vor der Ikone der Mutter-gottes. Noch in derselben Nacht erscheint ihm Maria im Schlaf und befiehlt ihm, eine Schriftrolle zu essen. Romanos wacht auf „mit ungewöhnlicher Seelenfreude, belehrt und gelehrt". Als er dann in der Kirche singen soll, stellt er sich auf den Ambo und „singt mit der süßesten Stimme" den von ihm verfassten Akathistos-Hymnus. Alle Anwesenden sind begeistert, die Kleriker fallen ihm zu Füßen und bitten demütig um Vergebung.

Die mittlere Szene im unteren Bereich der Ikone zeigt den Heiligen Romanos auf dem Ambo stehend und seinen Hymnus vortragend. Er ist gekleidet in ein rotes Diakongewand und trägt eine geöffnete Schriftrolle mit dem Anfangstext des Hymnus. Die übrigen Sänger gruppieren sich dahinter. Andächtig hören der Kaiser und der Patriarch von Kon-stantinopel (links im Bild) zu. Rechts steht der Narr in Christo Andreas, der auf die Er-scheinung der Gottesmutter mit erhobenem Zeigefinger hinweist und gleichzeitig die Worte des Romanos bestätigt: „Die Jungfrau erscheint heute in der Kirche".

und auch keine Milchprodukte essen. Fleisch ist das ganze Jahr über verboten. Sie ernähren sich von Brot, Mehlspeisen und Gemüse, das nur mit Pflanzenöl (auch Fastenöl genannt) zubereitet werden darf. Noch bescheidener und ärmlicher als im Kloster leben die Nonnen auf ihrer entlegenen Landwirtschaft. Sie haben dort weder Licht noch Kanalisation noch fließendes Wasser. Das Wasser zum Waschen und Kochen, aber auch das für das Vieh

Nonnen beim Melken der klostereigenen Kühe.

schleppen sie aus einem nahe gelegenen Fluss mit Eimern heran oder transportieren es auf einem kleinen Wägelchen, das von einem Pferd gezogen wird. Ein kleines Häuschen, in dem die Schwestern wohnen, liegt direkt neben dem Kuhstall. „Die Nonnen wohnen praktisch mit dem Vieh unter einem Dach", sagt die Oberin und gibt gleichzeitig zu verstehen, dass die Schwestern es dort unendlich schwer haben. In der kleinen Kirche, die dort bereits stand und von den Schwestern notdürftig repariert wurde, finden die Schwestern dann Trost und Mut für die tägliche Schwerstarbeit. Fünf Nonnen, die wegen der physischen Anstrengung jede Woche gewechselt werden, sind von früh morgens bis spät abends mit dem lieben Vieh beschäftigt. Die über 50 Nonnen, die

im Kloster leben, sind jung, fromm und fleißig. Das Durchschnittsalter liegt bei etwa 23 Jahren. „Ältere und kränkliche Nonnen und Frauen können wir nicht aufnehmen, weil wir praktisch ein Arbeitskloster und die Wohnverhältnisse noch miserabel sind", sagt die Oberin. Alle Schwestern, manche haben akademische Titel – Ärztinnen, Philologinnen und Dolmetscherinnen sind darunter –, manche haben nur die Volksschule besucht oder einen praktischen Beruf erlernt, müssen im Kloster bereit sein, jede Arbeit zu verrichten. So wie es die Äbtissin bestimmt, so wird es gemacht.

Und viele Arbeiten sind neu für die jungen Frauen. Zum Beispiel in der Landwirtschaft. Keine hatte gelernt, eine Kuh zu melken, Butter und Käse zu machen, ein Schaf zu scheren oder Kartoffeln und Gemüse auf großen Flächen anzubauen. „Wir haben es schnell gelernt", sagt die Oberin. Den wissbegierigen Schwestern haben vor allem ältere und fromme Landfrauen aus der Umgebung mit Rat und Tat zur Seite gestanden. Aber auch Eltern der Nonnen sind ins Kloster gekommen, um ihren Töchtern zu helfen, Gurken und Tomaten einzulegen, Kraut zu salzen, Kartoffeln für den Winter zu lagern und Marmelade einzukochen.

Lernen mussten die jungen Frauen auch die strengen Klosterregeln, die Gebete und den Gottesdienst. Den ganzen Tag über sind die Nonnen im Einsatz: entweder beim Gebet oder bei der Arbeit. Um halb sechs Uhr stehen alle auf, nüchtern gehen sie um sechs Uhr in die Kirche zum Gebet und Gottesdienst, der bis neun Uhr dauert. Danach nehmen die Nonnen eine Art Frühstück und Mittagessen zu sich, das höchstens eine halbe Stunde in Anspruch nimmt. Anschließend wird im Kloster bis drei Uhr gearbeitet, dann wieder gegessen, in der Regel die Reste von morgens. Um siebzehn Uhr beginnt erneut ein Gottesdienst, der bis zwanzig Uhr dauert, anschließend wird zu Abend gegessen, sehr bescheiden, beteuert die Oberin. Es gibt nur Tee und Brot. Danach wird wieder gebetet, und die Schwestern versammeln sich zum Kreuzgang um die Kirche. Um zweiundzwanzig Uhr gehen alle zu Bett, bis auf vier Schwestern. Diese beten die ganze Nacht durch in der Kirche und gehen abwechselnd im Klosterhof herum, um mögliche Einbrecher ab-

Die textilen Läufer in den Klosterfluren werden draußen an der frischen Luft ausgeklopft und von den Nonnen nochmals fest geschüttelt.

zuschrecken, zu stellen oder zu verjagen. Im Kloster, so will es die Regel, wird 24 Stunden lang gebetet.

Trotz der langen Gebete und der langen Arbeitszeit, der absoluten Disziplin und des bedingungslosen Gehorsams braucht sich die Äbtissin keine Sorgen darüber zu machen, dass zu wenig junge Frauen in ihr Kloster kommen. „Viele Bewerberinnen müssen derzeit abgelehnt werden, weil es noch zu wenig Wohnraum gibt", äußert sich die Äbtissin zufrieden und doch auch traurig. Ihre jüngste „Nonne", die sie aufgenommen hat, ist erst zwölf Jahre alt. Sie ist mit ihrer älteren Schwester ins Kloster gekommen. Aber erst mit achtzehn Jahren, wenn sie volljährig ist, kann und darf sie Nonne werden. Die Oberin hat keine Zweifel daran, dass ihr das „liebe Kind" im

Kloster erhalten bleibt. Die Nonnen in Chotkowo wissen, dass sie nicht nur für ihr Seelenheil zu sorgen haben, sondern sich auch um ihre Mitbürger kümmern und ihren Beitrag zur Christianisierung Russlands leisten müssen. Sie gehen zu den Menschen in die Stadt, und diese wiederum kommen zu ihnen; mit allen Fragen und Problemen, die Menschen nur haben können, vor allem in einer Zeit, in der in Russland die alten ideologischen und sozialen Gebäude fast abgerissen, aber nur spärlich neue entstanden sind. Die Schwestern geben sich Mühe, den Menschen zu helfen, aber bei vielen Fragen können sie auch nur mit den Achseln zucken, weil sie genau wie die anderen, im selben System, mit der selben politischen Agitation groß geworden sind. Zudem sind die meisten Schwestern zu jung, um den älteren Menschen Lebenshilfen zu geben. Auch wenn Frauen abtreiben wollen, die sozialen Einrichtungen in der Stadt verbessert werden sollen, die Diebstähle in der Stadt zunehmen, die materiellen Nöte wachsen, sollen die verunsicherten Schwestern Ratschläge erteilen. Da sind sie jetzt und (wohl) auch in der Zukunft überfordert.

Die Schwestern tun, was sie tun können. Gleich nach Eröffnung des Klosters haben sie für Kinder eine so genannte Sonntagsschule eröffnet; erst kamen etwa zwanzig Kinder, jetzt kommen schon über fünfzig. An Sonnabenden und Sonntagen bringen die Nonnen den Kindern Religion, handwerkliche Fertigkeiten und Singen bei. Für Erwachsene und Kinder organisieren die Schwestern an hohen Feiertagen wie Ostern und Weihnachten im Kloster Feste und Konzerte. Über 500 sind das letzte Mal gekommen; an 200 Erwachsene und 300 Kinder haben sie selbstgebastelte Geschenke verteilt. Ab und zu laden sie Bürger der Stadt zu einem (bescheidenen) Mittagessen ein.

1000 MÖNCHE IM KLOSTER

Vom Frauenkloster in Chotkowo fahre ich eine halbe Stunde mit dem Auto ins Zentrum der russischen Orthodoxie: in das Dreifaltigkeits-Sergij-Kloster in Sergijew Posad. In diesem Männer-Kloster ist russische Geschichte gemacht und geschrieben worden. Das Anfang des 14. Jahrhunderts entstandene Kloster ist für die frommen Russen ein heiliger Ort, für die anderen eine Kultstätte nationaler Größe und Unabhängigkeit. Der Gründer des Klosters, der heilige Sergij, mit bürgerlichem Namen Sergij von Radonesch, wurde 1313 oder 1314 in Rostow Welikij als Sohn reicher Bojaren geboren. Die Eltern mussten ihre angestammte Heimat wegen Streitigkeiten der rivalisierenden Fürsten von Moskau und Rostow verlassen und übersiedelten in die Gegend von Moskau, in den kleinen Ort Radonesch, der nur vierzehn Kilometer von Sergijew Posad entfernt liegt.

Sohn Sergij, der schon als Kind den Entschluss gefasst hatte, Mönch zu werden, trat nicht in ein schon vorhandenes Kloster ein, sondern gründete mit seinem Bruder Stefan ein eigenes Monastyr in den Wäldern um Moskau. An einem kleinen Fluss, mitten im Wald, bauten sich die Brüder eine Hütte. Dazu rodeten sie Wald, um eine Kirche und ein Haus mit Mönchszellen zu errichten. Nachdem die Kirche gebaut war, begaben sich die Brüder nach Moskau zu ihrem Bischof und Metropoliten (vergleichbar mit dem katholischen Kardinal), um die Kirche zu Ehren der Dreifaltigkeit weihen zu lassen. Die bibelfesten Brüder aus dem Wald hatten gegenüber dem Bischof harte Überzeugungsarbeit leisten müssen. Denn bislang hatte es niemand von den russischen Kirchenvätern gewagt, einer Kirche den Namen des geheimnisvollsten und schwierigsten Dogmas, der Dreifaltigkeit, zu geben.

Das Leben des Einsiedlers Sergij hatte sich in den umliegenden Dör-fern und kleinen Städten herumgesprochen. Viele junge Männer folgten dem Beispiel des adligen Mönches und traten in sein Kloster ein. Aus der kleinen Einsiedelei war in wenigen Jahren ein stattliches Kloster geworden. Abt Sergij führte die koinobitische (gemeinschaftliche) Form des Klosterlebens ein. Nach dem Vorbild und mit Hilfe des Abtes Sergij wurden in Russland bald weitere dreißig Klöster gegründet. Alle Mönche, einschließlich des Abtes, waren verpflichtet, auch physisch zu arbeiten – und nicht nur zu beten, zu meditieren und an Gottesdiensten teilzunehmen. Mönch Sergij, so steht es in der Klosterchronik, hat immer wieder Wunder vollbracht. Mit einem Gebet konnte er Sünder bestrafen oder eine Quelle aus dem Klosterboden sprudeln lassen. Als erstem russischen Heiligen sei Sergij die Gottesmutter erschienen.

Die vollbrachten Wunder und die Weisheit und Klugheit des Abtes hatten sich überall herumgesprochen. Alle, ob Zaren, Bojaren, Fürsten oder arme Bauern, wollten seinen Rat. Seine Hilfe wurde vor allem gegen die tataro-mongolischen Krieger gebraucht, die Russland besetzt hatten. Der Moskauer Großfürst Donskoj und der Abt des Dreifaltigkeits-Klosters, eng miteinander befreundet, hatten beschlossen, die „Goldenen Horden" wieder aus Russland zu vertreiben. Vor der entscheidenden Schlacht auf dem Schnepfenfeld im Jahr 1380 besuchte der Großfürst den Abt im Kloster. Der Mönch segnete den Feldherrn und prophezeite ihm den Sieg: „Geh mutig gegen die Gottlosen, schwanke nicht, und Du wirst siegen." Ins Gefecht schickte der Abt – auf Bitten des Fürsten – zwei kampferfahrene Mönche als Symbol seiner eigenen Teilnahme. Obwohl die tatarischen Unterdrücker mehr Soldaten in den Kampf schickten, konnten die russischen Soldaten, die für ihr Vaterland und ihren orthodoxen Glauben

kämpften, das gegnerische Heer besiegen. Die gewonnene Schlacht brachte Russland zwar noch nicht die endgültige Befreiung vom tatarischen Joch, aber sie hatte die Russen motiviert und ihnen gezeigt, dass die „Goldenen Horden" zu besiegen sind. Zur religiösen und moralischen Aufrüstung der Russen hatte der Mönch Sergij entscheidend beigetragen; dafür dankten ihm der Fürst, der vorgesetzte Metropolit und das Volk. Durch Russland zog, nach dem Teilsieg über die Eroberer, ein frischer sittlicher und religiöser Wind. Dies führte auch dazu, dass in Russland zahlreiche neue Klöster gegründet wurden. Während im ersten Jahrhundert der tataro-mongolischen Besatzung (1240 bis 1340) in Russland weniger als dreißig Klöster entstanden, wurden ein Jahrhundert später in der Zeit von Abt Sergij, von seinen Bewunderern „Die Fahne der Frömmigkeit" genannt, über hundertfünfzig Klöster gegründet.

Nach dem Tod des Klostergründers, er starb 1392 und wurde 1450 heiliggesprochen, erhielten das Kloster und der Ort seinen Namen. Die Brüder im Kloster wahrten das Credo und Vermächtnis des Gründervaters: für die Heimat, den Staat und den Glauben zu kämpfen. Und kämpfen mussten sie immer wieder. Die Russen, die über 200 Jahre von den Tataren beherrscht wurden, konnten die asiatischen Eroberer erst im 15. Jahrhundert besiegen.

Kaum waren die „Goldenen Horden" aus dem Land vertrieben, stand schon der nächste Feind vor der Tür. Im Jahr 1610 besetzten die Polen Moskau und den Kreml. Nachdem sie das staatliche Zentrum der Russen besiegt hatten, wollten sie nun auch deren geistig-geistliches erobern. Dies indes gelang ihnen nicht. Die Mönche und die Bevölkerung von Sergijew Posad konnten ihr Kloster gegen eine Übermacht von 30 000 polnischen Soldaten ver-

teidigen. Gedemütigt und geschlagen mussten die Polen alsbald auch Moskau und den Kreml wieder verlassen.

Diesen religiösen, politischen und militärischen Dienst an Russland dankten die Zaren dem Kloster mit großzügigen Schenkungen und Geschenken. Der Abt des Klosters wurde zu einem Feudalherrn mit großen Ländereien, leibeigenen Bauern und einem blühenden Handel. Alles wurde zu Geld gemacht. Aus Prestigegründen ließen reiche Russen ihre Kinder im berühmten Kloster taufen und trauen. Sie selbst wollten dann dort bestattet werden. Dies alles taten die Mönche nur, wenn dafür hohe Rubelsummen bezahlt wurden. Mit Opferstöcken an Klöstern und Kirchen, später auch an Bahnhöfen, mehrten die frommen Brüder ihr Geldvermögen. Das Kloster erhielt sogar das Privileg, die Opferstöcke an der stark befahrenen Bahnlinie Moskau-St. Petersburg zu leeren. Zu wundertätigen Ikonen, nicht wenige im Kloster, pilgerten die Russen und brachten ihnen materielle Opfer. Die Schar der Pilger kaufte Kreuze, Rosenkränze oder Ikonen, die in den Klosterwerkstätten tausendfach hergestellt wurden. Wundertätige Ikonen wurden auch an reiche Russen gegen ein hohes Entgelt ausgeliehen; sie versprachen sich von ihnen alle möglichen Wunder, so auch die Heilung von Krankheit oder eine bessere Ernte. Wenn Dörfer und Städte von Feinden bedroht wurden oder eine Epidemie sie heimgesucht hatte, holten Bewohner aus dem Kloster gegen Bezahlung wundertätige Ikonen, die ihnen helfen sollten. Die Zaren, die Fürsten, Bojaren und die Millionenschar von einfachen gläubigen Menschen sorgten dafür, dass es wohl zum reichsten Kloster der Welt wurde.

Beim Sammeln von Geld und Gütern konnten sich die Mönche immer auf ihren heiligen Klostergründer

Sergij berufen. Der Mönch, der als Eremit angefangen hatte und die Einsamkeit und Armut für Mönche empfahl, änderte im Lauf der Jahre seine monastische Einstellung. Der Mönch, so lehrte Abt Sergij, solle nicht nur für sich abgeschieden, sondern in der Gemeinschaft leben und auch für die Mitmenschen sorgen. Kloster dürften Grundbesitz haben und reich sein, damit sie den Armen helfen können. Mit dem Reichtum und dem christlichen Einfluss schlichen sich jedoch auch Missstände und dem christlichen Glauben abträgliche Praktiken in die Klöster ein, die so sicher vom Klostergründer nicht gewollt und vorherzusehen waren.

Dieser Reichtum und Einfluss, den die etwa 1000 Mönche im Kloster erwirtschafteten und ausübten, wurden selbst dem Zaren unheimlich. Peter der Große, der gefürchtete Reformator der russischen Gesellschaft, der westliche Zivilisation den Russen zwangsverordnete, stutzte die Macht der Mönche und des Klosters. Obwohl das Kloster dem Zaren Peter nach Intrigen am Hof Zuflucht gewährt hatte, halbierte er kurzerhand dessen Einkünfte. Unter der deutschstämmigen Katharina II., der Großen, musste das Kloster im 18. Jahrhundert noch mehr Einbußen hinnehmen. Als die Zahl der leibeigenen Klosterbauern auf über Hunderttausend gestiegen war, nahm die Zarin den Gottesmännern fast den gesamten Grund und Boden weg. Das Auf und Ab des Klosters ist ein Spiegelbild der wechselvollen russischen Geschichte. Aber ganz liquidiert wurde das Kloster erst von den Bolschewiki nach der Oktoberrevolution von 1917. Die religionsfeindlichen Revolutionäre schlossen das berühmteste Kloster Russlands 1919. Die Reliquien des heiligen Sergij wurden in ein atheistisches Museum in Moskau gebracht. Dort blieben sie bis zum Ende des Zweiten Weltkrieges. Nachdem der Kir-

che, die sich aktiv an der Landesverteidigung beteiligt hatte, von Stalin mehr Rechte zugestanden worden waren, durfte sie auch das Kloster der Klöster wieder eröffnen im Ort Sagorsk, benannt nach einem Kommunisten.

Das Dreifaltigkeits-Sergij-Kloster und das Höhlen-Kloster im nordrussischen Pskow waren die einzigen Klöster, die bis zur Perestroika in Russland existierten.

Alle anderen von den einst über 1000 Frauen- und Männer-Klöstern in Russland hatten die antichristlichen Bolschewiki geschlossen. Seit der Perestroika von Michail Gorbatschow, genauer seit 1990, hat die russisch-orthodoxe Kirche bereits wieder rund 400 Männer- und Frauenklöster (zum Teil total verfallen) übernehmen können. Die Christianisierung Russlands geht mit der erneuten Kloster-Kolonisierung des Landes Hand in Hand.

Dabei spielt – wie schon im Mittelalter – bei der Gründung von Klöstern und bei der Christianisierung des heutigen Russland das Dreifaltigkeits-Kloster in Sergijew Posad eine führende Rolle. An hohen Feiertagen wie Ostern oder Weihnachten oder am Geburts- und Todestag des heiligen Sergij kommen aus ganz Russland, aus der ganzen ehemaligen Sowjetunion hunderttausend Menschen und mehr ins Kloster gepilgert, um mit dem Patriarchen Alexij II., dem Oberhaupt der russisch-orthodoxen Kirche, der gleichzeitig auch Abt des Klosters ist, Gottesdienste zu feiern oder den heiligen Sergij zu ehren. Nachts, wenn in den Kloster-Kirchen Ruhe eingekehrt ist, essen und schlafen jene Pilger auch in den Gotteshäusern, die im Ort kein Quartier mehr gefunden haben. Obwohl jetzt, wo private Initiative in Russland möglich ist, vom Kloster und von privaten Investoren wieder Hotels und Gaststätten gebaut werden, kann der Bedarf an Übernachtungen wohl nicht sobald befriedigt werden. Denn nach Sergij Posad kommen nach dem Wandel in Russland nicht weniger, eher mehr Besucher und Pilger. Die russischen Gläubigen möchten wenigstens einmal im Leben an der heiligen Stätte am berühmten historischen Ort gewesen sein. Die Gläubigen möchten aus dem „Heiligen Brunnen", dessen Quell der Klosterchronik zufolge Mönch Sergij vor Jahrhunderten mit einem Gebet sprudeln ließ, heilendes Wasser trinken und in Gefäßen und Kannen mit nach Hause nehmen, damit ihnen das ganze Jahr über bei Leiden des Leibes und der Seele mit Klosterwasser geholfen wird. Vor dem Obelisk im Klosterhof stehen die Besucher und lesen die eingemeißelten Zeilen, die von den großen Daten und Taten des Klosters und seiner Mönche berichten. Wenn die Russen über die Dächer der Kirchen auf die prachtvollen Türme und Kuppeln schauen, die ruhig und mächtig in den Himmel ragen, das Gold wie ein Strahl aus dem Jenseits leuchtet, dann ergreift sie Ehrfurcht und Stolz.

Auch die Mönche im Kloster, im Zentrum der Orthodoxie mit dem Oberhaupt der russischen Kirche als Abt und mit einer angeschlossenen theologischen Akademie, sind stolz und ergriffen, zur Elite in der Kirche und jetzt auch in der Gesellschaft zu gehören und im ganzen Land bekannt zu sein. So wie früher darf auch heute nur die „schwarze Geistlichkeit" (im Zölibat lebende, unverheiratete Mönche) – im Gegensatz zur „weißen Geistlichkeit" (verheiratete Pfarrer) – in die kirchliche Hierarchie aufsteigen. Die Würdenträger der Orthodoxie wie Archimandriten, Bischöfe, Metropoliten und der Patriarch sind alle Mönche. Und die meisten Eminenzen in der russisch-orthodoxen Kirche kommen aus dem Kloster Sergijew Posad oder haben dort studiert.

Der Andrang im Dreifaltigkeits-Sergij-Kloster ist groß. Viele junge Männer in Russland, die Mönche werden wollen, möchten nach Sergijew Posad. Bedeutend mehr Bewerber muss der Abt ablehnen, als er ins Kloster aufnehmen kann, obwohl das Kloster seit der Wende, also in den letzten vier Jahren, die Zahl der Mönche und Novizen fast um das Doppelte auf über 200 erhöht hat. Dies wurde nur möglich, weil im Kloster der Klöster die Uhren etwas anders gehen als in den anderen Klöstern.

Im Zentrum der Orthodoxie waren bereits alle prominenten russischen Politiker, angefangen vom Präsidenten über den Ministerpräsidenten bis hin zu den Ministern. Sie suchen die Nähe der Kirche, die Nähe des Patriarchen, und zwar immer so, dass auch ein Fotograf oder ein Kameramann die jetzt frommen Gesichter ablichtet. Der Putschist und ehemalige Vizepräsident Rutzkoj, der sich noch gläubiger gibt als die anderen, ist ins Kloster gekommen, um bei einem Mönch seine Sünden zu beichten; doch auch der russische Priester hat sich, wie der katholische, streng an das Beichtgeheimnis zu halten.

Die politische und kirchliche Prominenz hat der örtlichen Administration befohlen, die Wünsche des Klosters unbürokratisch zu erfüllen. Um mehr Mönche und Novizen aufnehmen zu können, brauchte das Kloster vor allem Häuser und Zimmer, die bislang anderweitig auf dem Klostergelände genutzt wurden. Im Museum mit sakraler Kunst, im ehemaligen Krankenhaus, in dem Seminaristen untergebracht sind, werden demnächst Patres wohnen.

Der Abt des Klosters, der Patriarch der russischen Kirche, ist nur selten, höchstens drei- oder viermal im Jahr, bei seinen Mönchen. Die tägliche Arbeit erledigt sein Statthalter, der Prior des Klosters. Der junge Mönch Feognost, erst 34 Jahre alt, leitet bereits seit sieben Jahren die Mönchsgemeinschaft. Der glühende Christ

hat große Pläne, die er schnell realisieren möchte. In nächster Zeit sollen wieder etwa 400 betende und arbeitende Männer im Kloster leben; sein Fernziel ist die Zahl, die das Kloster mit seinen Filialen vor der Revolution hatte: an die 1000 Mönche und Novizen.

Daran, dass der Mönch und Manager des Klosters seinen und den Willen des Patriarchen durchsetzt, zweifelt keiner der Klosterbrüder. Die meisten jungen Mönche, die aus dem vollen weltlichen Leben hinter die Klostermauern gegangen sind, wollen für das Kloster und für die geschundenen und verzweifelten Landsleute beten und arbeiten. So auch Mönch Dimitrij, weltlich Pawel Dworin, 32 Jahre alt. Der schlanke, hochgewachsene Mönch mit dem schmalen Gesicht eines Intellektuellen ist nicht ins Kloster gegangen, weil er weltfremd war, keine Chance im Beruf gehabt oder keine Frau gefunden hätte. Pawel Dworin hat das Leben in seiner weißrussischen Heimatstadt Minsk gelebt wie jeder andere Bürger auch, der einen akademischen Beruf erlernen wollte.

Auch der Mönch Dimitrij ist weltoffen geblieben. „Viele meiner Mitbrüder haben ähnliche Biographien." Die jungen Mönche und deren Eltern sind alle schon in der sowjetischen, der gottfeindlichen Zeit geboren und aufgewachsen. „Über die Kirche haben wir nur bolschewistische Ausfälle und Attacken gehört", sagt der Mönch nüchtern. Seine Eltern, wie die ganze Generation, sind atheistisch erzogen worden und wie die meisten Menschen in der ehemaligen Sowjetunion auch gewesen, wenigstens nach außen hin. Sie, die zur technischen Intelligenz gehörten, waren zwar keine Mitglieder der Partei, aber von ihr infiziert. So auch der Sohn, der Mitglied in der Jugendorganisation der Partei, dem Komsomol, war. Nach der Mittelschule bestand er die Aufnahmeprüfung am Institut für Schauspiel-

kunst in Minsk. Er absolvierte Semester um Semester, ohne zu fühlen, dass ihm der Glaube fehlte. Bei Mönch Dimitrij gab es kein, wie bei vielen anderen Menschen, äußerliches Ereignis, das ihn zum Glauben geführt hat. In ihm ist dieser Prozess langsam gereift. Beschleunigt wurde er allerdings durch die Perestroika und ein Buch von Albert Schweitzer, „Kultur und Ethik". Nach dieser Lektüre hat er im Evangelium gelesen und festgestellt, dass die Gedanken von Schweitzer viel früher, wenngleich anders formuliert, schon ausgedrückt worden waren. „Ich gehörte zu den jungen Leuten, die anfingen, über den Sinn des Lebens nachzudenken", sagt Mönch Dimitrij. Und den Sinn fand er im Christentum. Der angehende Schauspieler ließ sich taufen und ging regelmäßig in die Kirche. Zu einer Zeit also, als Michail Gorbatschow zwar schon die Perestroika eingeleitet hatte, aber immer noch die Sowjetunion und die alten Strukturen bestanden, die den gottlosen Staat erhalten wollten. Für Gläubige gab es im eigenen Land immer noch nur eins: Nachteile.

Der Student, der mittlerweile verheiratet war und „vorher viele Freundinnen" hatte, war bereit, das Kreuz des Gläubigen zu tragen, nicht aber seine Frau. Die Pädagogik-Studentin, die als angehende Lehrerin im Sowjetstaat an ihre berufliche Karriere dachte, wollte sich durch den Glauben des Ehemannes keine Scherereien mit der Partei einhandeln. Und wünschte, dass sich ihr Mann von der Kirche – zumindest äußerlich – trennte. Doch der Mann trennte sich von seiner Frau und ließ sich scheiden. Ein halbes Jahr vor dem Abschluss am Institut für Schauspielkunst verließ er die Hochschule, um Mönch zu werden. Seine ehemalige Frau braucht heute den Glauben als karrierehindernd nicht mehr zu fürchten. Ihr ehemaliger Mann hat heute „seine Familie" im Kloster gefunden. Vielleicht sei seine

Gegenüber: Seminaristen und Studenten der Theologischen Akademie in Sergijew Posad. Für die vielen Kirchen im ganzen Land, die im heutigen Russland zu Tausenden neu eröffnet werden, werden ausgebildete Priester gebraucht.

ehemalige Frau, wie seine Mutter,
mittlerweile gläubig geworden?, fragt
er beiläufig.

Den Maximalisten, der sein Leben
nicht zwischen Familie und Gott
teilen wollte, zog es innerlich sogleich ins berühmte Dreifaltigkeits-
Sergij-Kloster, obwohl er – so
wünschte es der zuständige Bischof –
in ein Provinzkloster im weißrussischen Schirowizy gehen sollte. In
dem abgelegenen Ort trat er erst einmal in das dem Kloster angegliederte
Priesterseminar ein. Nach einem Jahr
Seminar in Schirowizy kam ihm eine
Krankheit zu Hilfe. Noch nicht ganz
genesen, reiste er in der Osterzeit ins
ferne Sergijew Posad. Er besuchte
Gottesdienste und wurde von den
alten Klosterkirchen, den Ikonen,
die von dem berühmtesten russischen
Ikonenmaler Andrej Rubljow im 15.
Jahrhundert gemalt wurden, und den
Gesängen der Mönche verzaubert.

Daraufhin betete er Stunden und
Tage zum heiligen Sergij, dem Klostergründer, der ihm seinen Wunsch
erfüllen und in sein Kloster aufnehmen möge. Die inbrünstigen Gebete
– so sieht es Mönch Dimitrij –
wurden erhört.

Auch der Prior des Klosters, zwei
Jahre älter als er, und der zuständige
geistliche Mönchsvater waren dafür,
dass der ehemalige Schauspieler aus
der Provinz in seinem Wunschkloster
1990 Mönch werden konnte. Er be-
endete das Seminar im Kloster von
Sergijew Posad und hätte nunmehr
auch an der dortigen theologischen
Akademie studieren können. Das
aber wollte er nicht, weil er sich
ganz dem Gebet und dem Mönchsleben widmen wollte. Mit einem
akademischen Titel, befürchtete der
Mönch, würde er womöglich ad-
ministrative Aufgaben im Kloster
erledigen müssen, und das liege ihm
nicht. Das Kloster des heiligen Sergij
gehörte vor der Revolution zu den
größten Großgrundbesitzen in Russland. Nach 1917 wurde das Kloster
geschlossen und verstaatlicht. Selbst

als das Kloster nach dem Zweiten Weltkrieg seine Tore wieder öffnen und Mönche einziehen durfen, wurde ihm kein Land zugeteilt und somit auch die Haltung von Vieh untersagt.

Nach der Perestroika erstritt sich der Prior des Klosters mit Hilfe des Patriarchen jeden Hektar fruchtbaren Landes. Etwa fünf Kilometer vom Kloster entfernt erhielten die Mönche 35 Hektar Land, etwas weiter noch einmal 43 Hektar (vorerst) zur unbegrenzten kostenlosen Nutzung. Fünfzehn Hektar zäunten sich die Mönche ein, bauten auf diesem Areal Kuh- und Pferdeställe, Gewächshäuser, eine Molkerei, Werkstätten zur Holz- und Eisenverarbeitung, demnächst soll noch eine große Bäckerei entstehen.

Die Mönche, die sich um das Vieh kümmern, die Milch zu Käse und Quark verarbeiten, Bienen halten, Gemüse anbauen oder Bretter schneiden, wohnen in schmucken kleinen Holzhäusern neben ihrem Arbeitsplatz. In einer Holzkirche beten sie und feiern Gottesdienste. In der Sauna nebenan sorgen sie für ihr leibliches Wohl. Ins Kloster gehen sie nur selten, weil sie dazu keine Zeit haben.

Die Mönche als Landwirte und Handwerker haben von morgens bis abends zu tun. Zwanzig Kühe müssen gefüttert und gemolken werden. Auf den Bullen, über eine Tonne schwer, müssen sie aufpassen, damit er nicht die Eisengitter verbiegt oder zerbricht und den Stall verwüstet, in dem noch zehn Ziegen und über 30 Hühner leben. Neben Maschinen werden die Pferde bei der Feldarbeit eingesetzt, sie ziehen schwerbeladene Wagen, auch schon mal Kutschen, die Taxis ersetzen oder auch Gäste in die Umgebung fahren. Auf seinem Gut will der junge Prior des Klosters mit wenig Technik und wenig Kunstdünger arbeiten. Aus mehreren Gründen: Er möchte von der Technik – so gut es geht –

unabhängig bleiben, saubere Lebensmittel ernten und das natürliche Verhältnis von Natur, Mensch und Tier erhalten. Außerdem sollen die Mönche nach der alten Regel im Kloster leben: Beten und arbeiten, gemeint ist vor allem die physische Arbeit. Für das Gebet ist immer gesorgt, und auch physische Arbeit gibt es mittlerweile mehr als genug. Im fernen Rjasaner Gebiet, 400 Kilometer weit weg, besitzt das Kloster noch einmal 60 Hektar Getreidefläche. Dort wird Weizen, Roggen und Hafer für die Pferde angebaut. Im letzten Jahr konnten die Mönche 100 Tonnen Getreide ernten und nach Sergijew Posad transportieren, wo es zu Mehl gemahlen wurde.

Ihre eigenen Fahrzeuge, große und zugstarke Lastwagen, die sie von der aus Deutschland abgezogenen russischen Armee geschenkt bekommen haben, können sie nur selten einsetzen, weil diese zu viel Benzin verbrauchen – 100 Liter auf 100 Kilometer, und dafür haben die Mönche kein Geld. Mit einer anderen Gabe der Soldaten stehen die Mönche fest auf dem Boden – sie erhielten derbe Lederstiefel, die die Armee aus modischen Gründen aussortiert hat.

Damit die Kirche knappes Geld sparen kann und die Studenten im Seminar und der theologischen Akademie in Sergijew Posad physisch arbeiten lernen, bewirtschaften die angehenden Priester eine eigene Landwirtschaft. Die 600 Studenten, die an der Akademie eingeschrieben sind und im Internat des Klosters wohnen, ein paar tausend studieren extern, bearbeiten 50 Hektar, die sie vom Staat in der Nähe des Klosters erst 1994 erhalten haben. Sie pflanzen Kartoffeln und Gemüse an, sensen Gras mit der Hand, trocknen Heu und bauen Ställe für das Vieh. Für die Zukunft hat das Patriarchat in Moskau geplant, dass sich die Studenten, die im Internat wohnen, von ihrer Landwirtschaft mehr oder weniger selbst ernähren sollen.

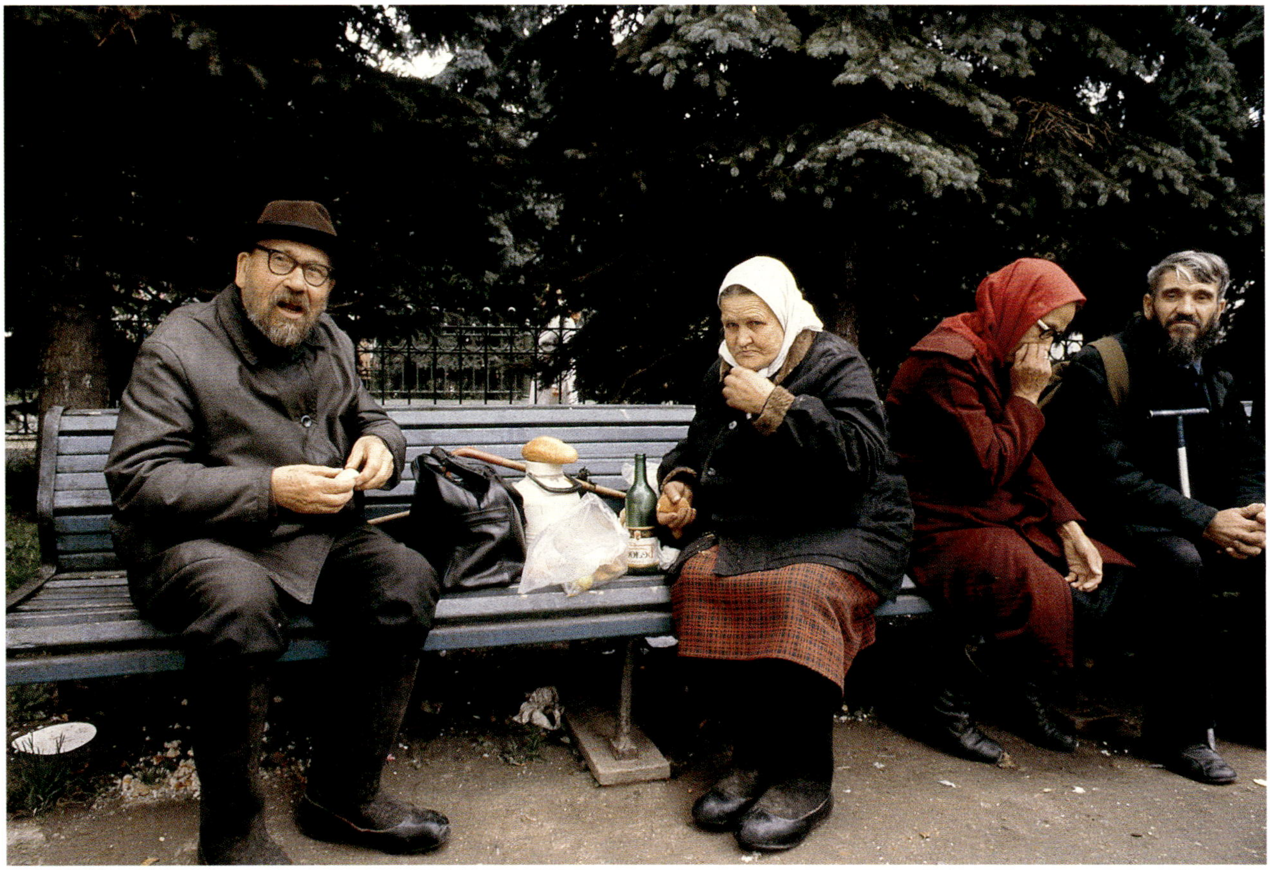

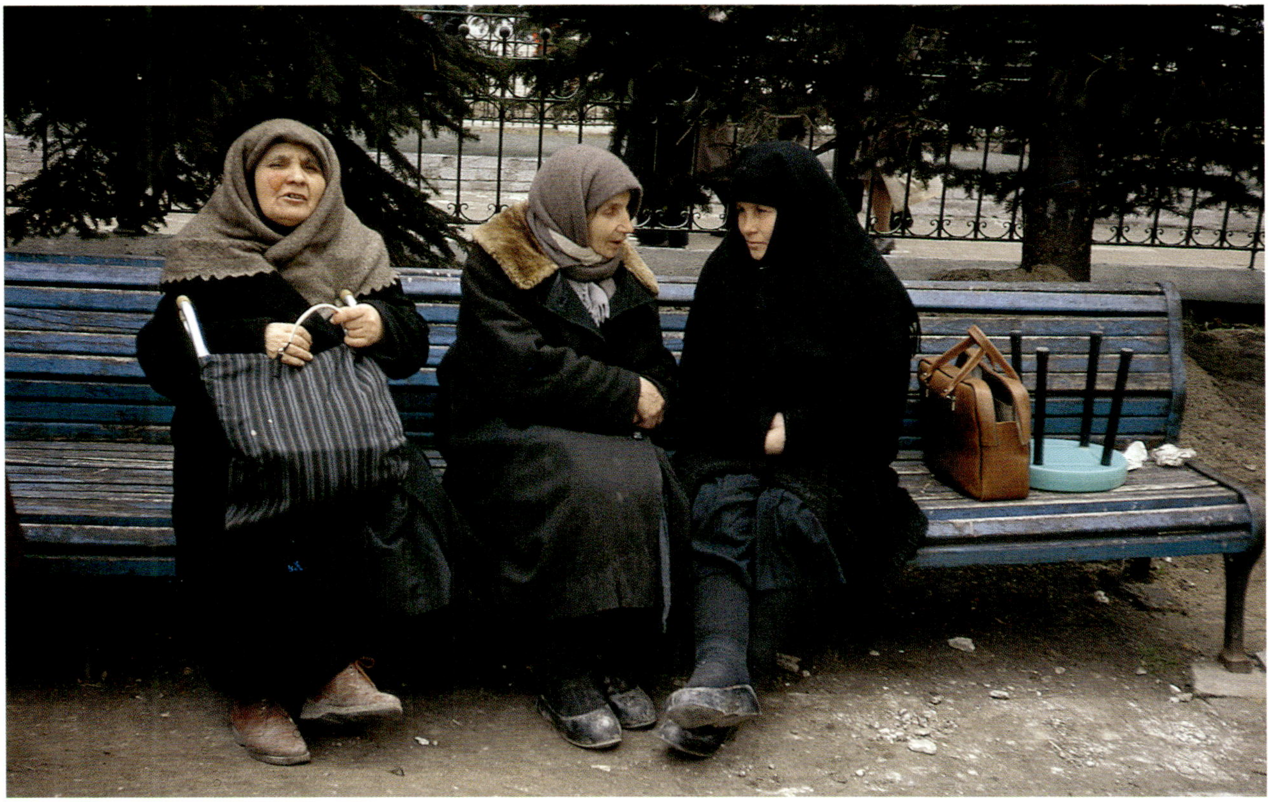

DIE „HEILIGEN NONNEN" VON ALEXANDROW

Von den Mönchen fahre ich zu den Nonnen, nach Alexandrow, einer kleinen Stadt mit historischer Bedeutung, etwa zweieinhalb Autostunden von Moskau und eine Stunde von Sergijew Posad entfernt. Ich fahre durch typisch russische Landschaft. Dunkle Wälder vermischen sich mit Birkenhainen, kleinen Seen und Flüssen zu einem melancholisch-freundlichen Panorama. In der Stadt Alexandrow sieht es aus wie in den meisten (alten) russischen Kleinstädten. Die prächtigen Bürgerhäuser von einst warten seit Jahrzehnten darauf, dass sie repariert werden. Der Staat, der sie den Eigentümern weggenommen hatte, klebte lieber rote Losungen an die Fassaden, als sie in gutem Zustand zu halten. Die phantasielosen Neubauten, die schon wieder älter als die alten Häuser aussehen, sind ohne Sinn und Verstand, in einer miserablen Qualität gebaut, einfach in die Landschaft gestellt worden. Die jungen Blüten der Marktwirtschaft im heutigen Russland sind in Alexandrow noch nicht aufgegangen.

Einzige Ausnahme – wie überall im jetzigen provinziellen Russland – bilden die Kirchen und Klöster, die als Künder und Symbol einer neuen Zeit verstanden werden können. So auch in Alexandrow im dortigen Mariä-Entschlafen-Kloster. Das Kloster gehört zum Bistum Wladimir und wurde 1991 den Nonnen übergeben, allerdings nicht ganz: In einem Teil des Klosters ist noch das Bezirksmuseum untergebracht. Und die Nonnen sind darüber – im Augenblick wenigstens – nicht traurig. Denn das, was sie bekommen haben, ist kaum zu bewältigen, obwohl ihr Kloster in einem etwas besseren Zustand war als das von ihren Schwestern in Chotkowo. In Chotkowo fanden die Schwestern nur Dreck und verkommene Gebäude vor. Im Kloster von Alexandrow war wenigstens die Hauptkirche, die Kathedrale, mehr oder weniger in Ordnung. Sie war als Stadtkirche für Gottesdienste geöffnet. In ihr durften Kinder getauft, Ehen geschlossen und Totenmessen gelesen werden. Auch die beiden anderen Kirchen im Kloster, in denen zweckentfremdet das Museum untergebracht ist, sind vom Staat restauriert worden und somit vom Verfall verschont geblieben.

Dafür aber standen von den mächtigen Gebäuden, in denen bis zur Revolution 500 Nonnen lebten, praktisch nur noch die Außenwände. In den Zellen der Nonnen, nachdem sie vertrieben, umgebracht oder in Arbeitslager gesteckt worden waren, wurden Soldaten kaserniert, dann wurden eine Molkerei und eine Bäckerei untergebracht, danach wieder Familien einquartiert, die zu den sozial Schwachen gehörten. In den achtziger Jahren wollten die Stadtväter von Alexandrow das im 15. Jahrhundert gegründete Kloster zu einer Touristenhochburg umbauen: Ein großes Hotel und kleinere Restaurants waren geplant. Man erinnerte sich auch an die historische Bedeutung von Alexandrow und hoffte, dass Russen und Ausländer in Scharen an den Ort kämen, in dem der erste russische Zar Iwan der Schreckliche im 16. Jahrhundert siebzehn Jahre lang seine Hauptresidenz hatte. Von Alexandrow aus überfiel er mit seinem Heer die freien Handelszentren von Nowgorod und Twer. Der blutrünstige Zar, der Freund und Feind grausam tötete und töten ließ, hatte über das ganze Land eine Schreckensherrschaft gezogen. In Russland hieß es damals: Nahe der Zar, nahe der Tod.

Aus den Hotelplänen der Stadtpolitiker wurde nichts, obwohl die Familien aus den Klostergebäuden ausquartiert worden waren. Die junge Nonne Sergija sieht in der sozialistischen Fehlplanung allerdings eine himmlische Fügung: „Gott hat nicht zugelassen, dass hier Hotels und Restaurants entstehen. Er wollte, dass hier im Kloster wieder Schwestern

leben." Bevor allerdings die Nonnen einziehen durften, hatten die weltlichen Bewohner aus den ehemaligen Unterkünften der Nonnen alles, was nicht niet- und nagelfest war, mitgenommen oder einfach zerstört. In dem über 200 Meter langen zweigeschossigen Haus war keine Fensterscheibe ganz geblieben, kein Tür- oder Fensterrahmen war noch drin, die gedrechselten Treppenhäuser hatten sie herausgesägt und teilweise mit den Holzdielen in den Steinbauten angezündet. Ähnlich zugerichtet wurden auch alle anderen Häuser im Kloster. So ein Vandalismus, so eine Zerstörungswut, meinen die Nonnen, kann nur in ungläubigen Menschen einen Nährboden finden; in Menschen, denen nichts heilig ist.

Die frommen Frauen, die über 70 Jahre aus dem Kloster verbannt waren, fangen in ihrer alten Heimat wieder von vorn mit dem Aufbau an. Die ersten Schwestern, die 1991 ins Kloster kamen, haben zu mehreren, sechs und acht, in einem Zimmer hausen müssen, das weder Fenster, einen Fußboden, noch Toilette, fließendes Wasser oder Heizung hatte. Gemeinsam mit Handwerkern aus der Stadt haben sie Gräben für die Wasser- und Abflussrohre geschachtet, Ziegelsteine für die Maurer geschleppt und Beton gemischt.

Die junge Äbtissin Johanna, die ihren noch jüngeren Schwestern (Durchschnittsalter 24 Jahre) ein bisschen mehr Komfort bieten möchte, hat Mitleid mit den schwer arbeitenden frommen Mädchen, die überwiegend in Städten gewohnt und physische Arbeit kaum gekannt haben. „Früher", sagt die Matuschka, „waren die Menschen stark. Sie brauchten nur zwei bis drei Stunden Schlaf und konnten die übrige Zeit arbeiten. Heute sind sie schwächer und müssen langsam an die physische Arbeit herangeführt werden." Die behutsame Oberin, die allmählich das Kloster aufbauen und erweitern will, möchte erreichen, dass

irgendwann wieder – wie vor der Revolution – über 400 Nonnen in ihm leben. Der Nachwuchs sei vorhanden, frohlockt sie, aber die Räumlichkeiten leider noch nicht.

Als die jetzige Äbtissin – noch zu sowjetischer Zeit – als Russin in ein russisch-orthodoxes Kloster in Russland eintreten wollte, konnte sie dies nicht. In ganz Russland waren nach der Revolution alle Frauenklöster geschlossen und kein einziges wiedereröffnet worden. Sie musste ins lettische Riga ausweichen. In den Sowjetrepubliken um Russland herum – wie in Estland, Lettland im Norden, in der Ukraine, Weißrussland im Süden und Westen – hatten die Religionspolitiker in Moskau der Kirche erlaubt, einige Frauenklöster zu unterhalten, um der Welt zu beweisen, dass im Arbeiter- und Bauernstaat die Gläubigen nicht unterdrückt würden und ihre „Kultstätten" haben. Und so mussten über Jahrzehnte russische Frauen, die ins Kloster gehen wollten, in andere sowjetische Republiken auswandern. Ihr beliebtes Ziel war das Dreifaltigkeits-Kloster in Riga, in dem einschließlich einer Klosterfiliale 200 orthodoxe Nonnen lebten; mehr durften nicht aufgenommen werden, obwohl sich Hunderte junger Frauen immer wieder beworben haben.

Das russische Kloster im lettischen Riga hilft nun den wiedereröffneten Klöstern in Russland. Zwölf erfahrene Nonnen aus Lettland sind bereits zu Äbtissinnen in russischen Klöstern aufgestiegen.

Die Oberin Johanna, der mittlerweile über 60 Schwestern, darunter sind auch Mütter mit ihren Töchtern, in ihrem neuen Kloster in Alexandrow unterstehen, war von Freunden und Mitschwestern im zivilisierten Riga gewarnt worden, in die im wahrsten Sinn des Wortes gottverlassene Gegend in Russland zu gehen. Ihre Antwort war bestimmt und einfach: Als Nonne habe sie dem Willen Gottes zu folgen. In

Alexandrow ist sie nun seit drei Jahren und zufrieden, obwohl sie im Vergleich zum Kloster in Riga ihr Leben anders einrichten musste. In Russland ist sie Nonne und Managerin, Pädagogin und Beichtmutter für die jungen Schwestern. Doch Erfolg motiviert auch die Schwester Oberin. Und der Erfolg stellt sich, wie sie sagt, täglich ein. Im Kloster und auch in der Stadt. Selbst an scheinbaren Kleinigkeiten würde dies sichtbar.

Die Äbtissin versucht mir deutlich zu machen, dass das, was jetzt in Alexandrow und in ganz Russland passiert, wiederum mit einer Revolution, einer Gott sei Dank friedlichen, zu vergleichen sei. Jahrzehnte lang hätten die Menschen nur Schlechtes über die Religion und deren Repräsentanten gehört, die Klöster, die Nonnen, die Mönche seien nutzlos gewesen. Plötzlich nun sei alles auf einmal ganz anders. „Die Menschen brauchen ein bisschen Zeit, um dies zu verarbeiten", erklärt die Oberin verständnisvoll.

Doch die Bewohner der Stadt, und dies war überraschend für die Nonnen, hätten sie gleich freundlich aufgenommen. Geradezu peinlich ist den frommen Frauen, wenn Menschen draußen von den „heiligen Nonnen" sprechen, die im Kloster wohnen.

Selbst alte Gewohnheiten ändern die Bürger den Nonnen zuliebe. Früher gingen die Menschen, um Wege abzukürzen, durch den Klosterhof. Die Oberin ließ Tore anbringen und wurde von Freunden gewarnt, dass sie sich dafür sogar Schläge einhandeln könne. Ein paar Mal wurden die Schlösser tatsächlich aufgebrochen. Nachdem sich fast die ganze Stadt darüber empört hatte, rührte keiner mehr die Klostertore an.

Auch das soziale und pädagogische Engagement der Schwestern ist für die Bewohner im Ort Hilfe und Vorbild zugleich. Der christliche Kindergarten, den die Nonnen in der Stadt eingerichtet haben, kann sich vor Anträgen der Eltern für die Kleinen kaum noch retten. Die Sonntagsschule im Kloster, in der Kinder in Religion, Singen und Basteln unterrichtet werden, wird immer mehr besucht – anfangs kamen etwa 30 Kinder, jetzt sind es schon fast 100. Ein von den Nonnen für die Kinder gegründeter Theaterzirkel hat bereits im Bezirk auf einem Schauspielwettbewerb den ersten Platz errungen. Da freut sich die Oberin: „Das macht uns, die Eltern und die Kinder glücklich." Zu Weihnachten und Ostern basteln die Schwestern Geschenke für Kinder- und Altersheime. Und überhaupt sind viele Nonnen in Alexandrow künstlerisch begabt. Sie malen Bilder für Kirchen und Wohngebäude, beschäftigen sich mit Bildhauerei und Keramik, sticken Gewänder für Priester und nähen für sich die Kleidung.

Mit der Landwirtschaft haben die Schwestern erst angefangen. Sie besitzen vier Kühe und einige Hühner, pflanzen Gemüse an und kochen Obst ein. Aber auch in der Viehzucht und dem Ackerbau wollen sie aufholen, damit sie sich später einmal mehr oder weniger selbst ernähren können.

Die Nonnen in Alexandrow sind in den Mittelpunkt ihrer Stadt gerückt. Am besten kann dies Schwester Sergija beurteilen, die aus dem Ort kommt. Die 23jähre Nonne, blass und zierlich, theologisch und literarisch gebildet, ist seit drei Jahren im Kloster. Nach dem Abitur wollte sie Bibliothekarin werden. Sie hatte sich bereits an der Universität eingeschrieben, dann aber die Unterlagen wieder zurückgenommen, weil sie im Kloster leben wollte. Ihre Familie, nicht unbedingt gläubig, musste sie erst von ihrer Entscheidung überzeugen. Sie und ihre Mutter fuhren ins Zentrum der Orthodoxie, nach Sergijew Posad, um zum heiligen Sergij zu beten. Die Tochter und auch die Mutter wurden durch das

Gebet bestärkt, dass die junge Frau ins Kloster gehen solle. Sie dankte dem heiligen Sergij und nahm seinen Namen an: Sergija (die weibliche Form).

Mit Freude sieht die junge Nonne, die in der Hierarchie des Klosters bereits an die dritte Stelle gerückt ist, wie sich die Menschen in ihrer Stadt wandeln. Erst konnte sie ihre Mutter vom Glauben überzeugen, dann die ganze Familie. Ihre Familie wiederum bekehrte Verwandte und Freunde. Schwester Sergija beglückt: „In Alexandrow schreitet die Christianisierung zügig voran." Für die gottesfürchtige Nonne ist dies wiederum ein Beweis dafür, dass der Schöpfer es so wollte. Auch große historische und kleine tägliche Ereignisse sind für sie immer der „Wille Gottes". Die Schwester Apolinaria, die aus dem fernen Ausland ins Kloster gekommen ist, hat „uns Gott geschickt".

Die Reise der Nonne Apolinaria nach Alexandrow war lang. Die Tochter einer Russin und eines Österreichers, die im Westen geboren und aufgewachsen ist, dort Slawistik (Hauptfach: Russisch) und Musik studiert hat, kam über Umwege in die klösterliche Provinz. Sie trat erst in ein orthodoxes Kloster in Griechenland ein, dann ging sie in ein bulgarisches, obwohl sie von Anfang an in Russland Nonne werden wollte. Aber bis zur Perestroika durften Ausländerinnen – zumal aus dem kapitalistischen Westen – in Klöstern der Sowjetunion nicht aufgenommen werden.

Die studierte Schwester aus dem Westen ist zwar am Ziel ihrer Wünsche angelangt, wohl aber ohne das absolute klösterliche Glück gefunden zu haben. Trotz des Alters und trotz der akademischen Weihen und internationalen Erfahrung ist sie nicht in die klösterliche Hierarchie eingebunden worden. Jüngere Nonnen ohne Studium, mit weniger Lebens- und Klosterpraxis sind ihr vorgesetzt

worden. Die reife Frau aus dem Ausland wird, weil sie als einzige Nonne den Führerschein besitzt, als Chauffeurin des Klosters eingesetzt. Aber nicht diese Arbeit, nicht der fehlende Komfort im Kloster stören sie, sondern die teilweise überholten Klosterregeln, die absoluten Gehorsam und eiserne Disziplin vorschreiben. Die stundenlangen Gebete und der Gottesdienst sind für Menschen aus dem Westen, selbst für eine im Glauben gefestigte Nonne, geistig und physisch unglaublich strapaziös.

Doch das Leben im Kloster ist, verglichen mit dem Leben im Skit (Einsiedelei), ein leichter Spaziergang. Zwanzig Kilometer von Alexandrow entfernt, in abgelegenen russischen Wäldern, befindet sich die Einsiedelei, die zum Kloster der Matuschka Johanna gehört. Dort wohnen zwölf Nonnen im Alter von zwanzig bis vierzig Jahren. Zur Einsiedelei gehören ein Haus und eine Kirche. In den Zellen, in denen die Nonnen wohnen, stehen nur ein Bett und ein Tisch. Die Kirche ist nicht ausgeschmückt. Nichts soll die Schwestern beim Gebet ablenken. Ihr Leben besteht nur aus Gebet, Gottesdienst und Fasten. Für den Außenstehenden ist solches Dasein ein religiöses Opfer, eine ständige Buße, eine Kasteiung; für die Einsiedlerinnen eine göttliche Berufung. Die in Askese und in strengster Ordensregel lebenden Nonnen feiern Gottesdienste und beten in der Kirche und den Zellen 18 Stunden am Tag. Sie ernähren sich überwiegend von Brot und Wasser, ab und zu essen sie Quark oder auch Gemüse. Die Oberin in Alexandrow: „Diese Nonnen sind von Gott für dieses Leben auserwählt. Sie beten für die sündigen Menschen, die Sünden dieser Welt, für die Kranken und Leidenden."

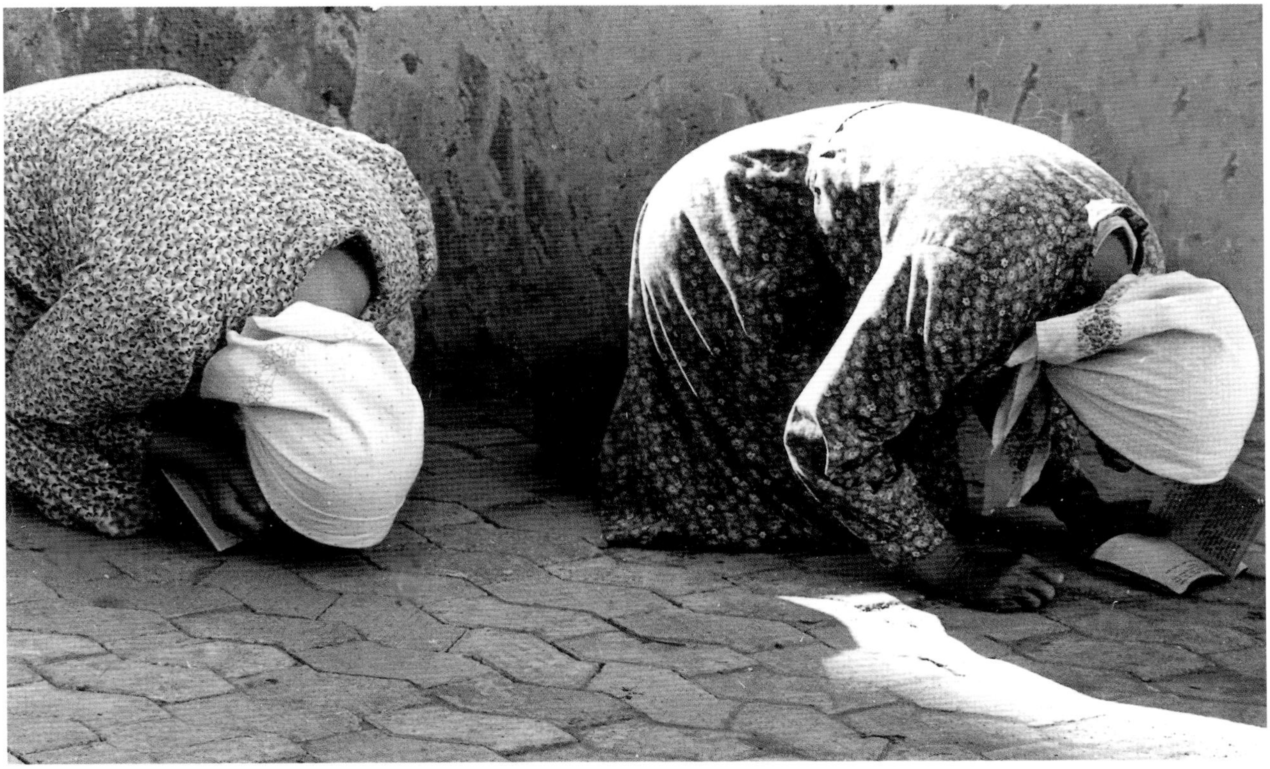

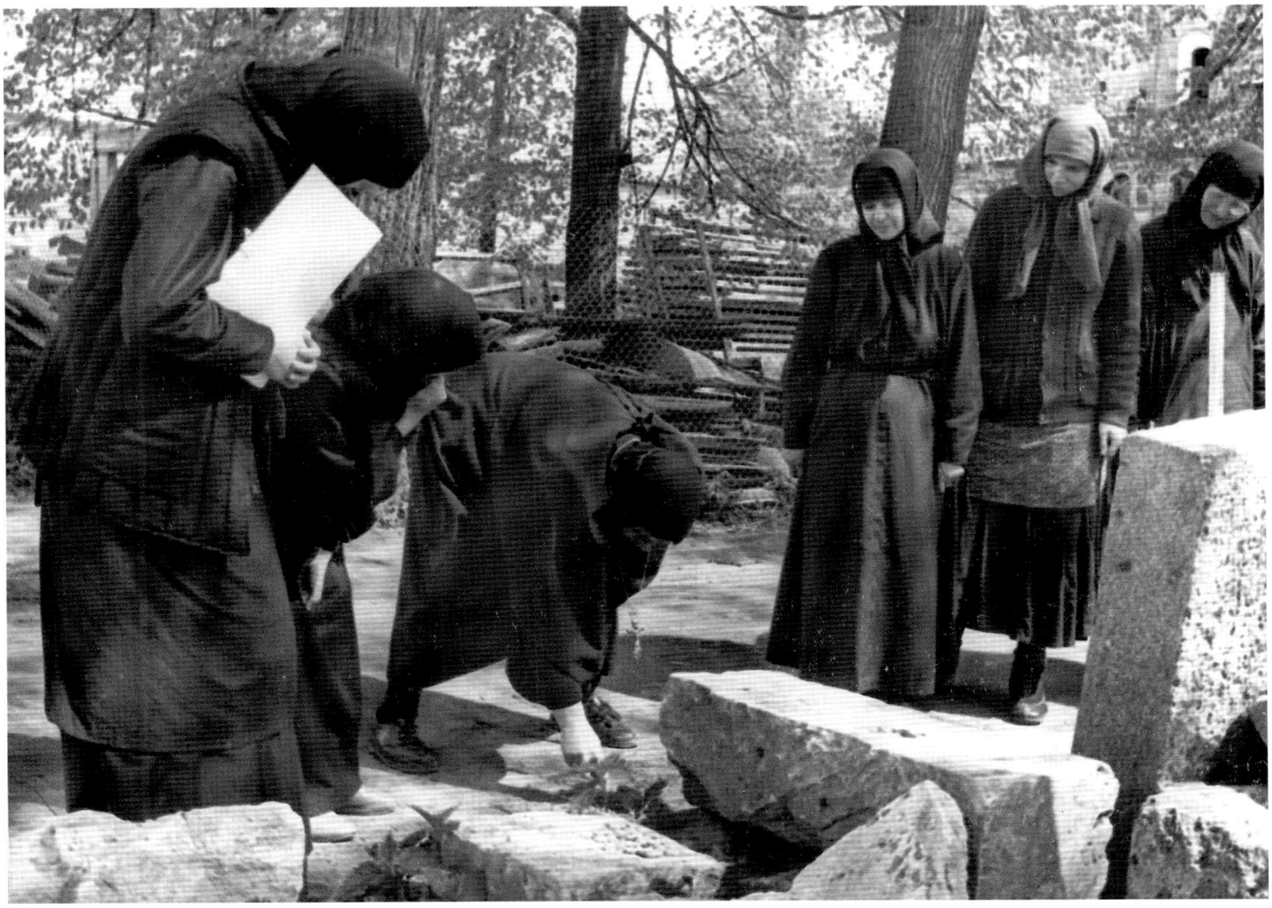

MÖNCHE HEILEN KRANKE

In einer Männerabtei, im Höhlen-Kloster Pskow-Pjetschory, im Norden Russlands gelegen, wird für Leidende und Kranke nicht nur gebetet. Dort werden Kranke auch gepflegt und geheilt. Das in einer Höhle gegründete Kloster, in der die Mönche begraben werden, war neben dem Kloster in Sergijew Posad bei Moskau das einzige in Russland, das schon vor der Perestroika existierte. Deshalb auch können in allen zehn Kirchen des Klosters Gottesdienste abgehalten werden; sie brauchten nicht erst restauriert zu werden. In den Gottesdiensten, ob um sechs Uhr morgens oder um acht Uhr abends, sind Menschen zu sehen, die auffallend laut beten, sich förmlich auf den Boden werfen, hin und wieder laute Schreie von sich geben oder apathisch herumstehen.

Nachdem ich diese Menschen in verschiedenen Kirchen gesehen hatte, wurde mir klar, dass sie psychisch und manchmal auch physisch und psychisch krank waren und von ihren Verwandten oder Freunden ins Kloster gebracht wurden, damit die Mönche ihnen helfen, die Leiden zu heilen oder wenigstens zu mildern. Für psychisch Schwerkranke, die an den regulären Gottesdiensten nicht teilnehmen können, werden wöchentlich besondere Gottesdienste abgehalten. In der Mariä-Schutz-Kirche bietet sich mir ein erschütterndes, trauriges und niederdrückendes Bild.

Knapp hundert Menschen, alte und junge, stöhnen oder stehen leblos in Ecken herum. Ein Häuflein von Mensch kniet, in sich zusammengesunken, auf dem Boden und brüllt wie ein Löwe, ein anderer kichert laut vor sich hin, jemand jammert oder weint herzzerreißend. Der Priester-Mönch spricht vor dem Altar laut und eindringlich ein Gebet, so als wolle er die Worte des Herrn in die Herzen der Kranken stoßen. Gleichzeitig gehen Mönche mit schwingenden Weihrauchfässern durch das Gotteshaus, danach besprengen sie die Kranken kräftig mit Weihwasser und reden auf sie ein. Mit schweren silbernen und goldenen Kreuzen, mit geweihten Ikonen, die nach dem Glaubensverständnis russischer Christen eine heilende Wirkung haben. Nach geraumer Zeit werden viele Kranke ruhiger, verfolgen den Gottesdienst und singen sogar mit. Ich habe den Eindruck, dass vielen geholfen wird.

Diese Gabe, psychisch und auch physisch Kranke mit Gebeten und religiösen Riten zu heilen oder ihnen wenigstens Linderung zu verschaffen, hätten nur wenige Mönche, erklärt mir ein Pater. Einen heilenden Mönch besuche ich in seiner Zelle, weil ich in der Kirche Vieles nicht verstanden habe und wohl auch nie verstehen werde. In seiner Zelle fällt mir sofort der Schreibtisch auf: Auf ihm sind Berge von Briefen gestapelt. Die Heilkraft der Mönche im Höhlen-Kloster von Pskow hat sich mittlerweile in der ganzen ehemaligen Sowjetunion herumgesprochen. Die Kranken selbst oder ihre Angehörigen schreiben den Mönchen und bitten, sie im Kloster zu empfangen oder wenigstens in einem Brief mit Ratschlägen zu helfen. Auch außerhalb der Gottesdienste empfängt der Mönch die Kranken persönlich im Kloster. „Manche könnten ohne seine Hilfe gar nicht mehr leben", erklärt mir ein anderer Pater später.

In seiner Mönchszelle versucht er, mir seine heilenden Geheimnisse etwas deutlicher zu machen, obwohl, wie er selber sagt, dafür die Worte oft fehlen und sie nicht zu formulieren sind. „In jedem Menschen", erzählt er ruhig, „gibt es einen bösen Anfang, das Böse pflanzt sich in die Seele eines jeden ein oder versucht einzudringen. Wenn der Mensch dagegen nicht angeht, dann ergreift das Böse ihn. Er wird zum Sklaven des Bösen, des Teufels, der ihn dann beherrscht. Die Psyche ist die Seele, und wenn die vom Bösen befallen

ist, wird der Mensch psychisch krank. Diese vom Bösen befallenen Menschen wollen sich vom Teufel durch den Gottesdienst befreien, deshalb kommen sie ins Kloster. Starke Gebete sollen ihnen dabei helfen. Anfangs ist ihnen aber nicht klar, welche Kraft im Gebet steckt. Das lernen sie dann bei uns. Wenn sie durch das Gebet, den Gottesdienst und meine Hilfe den Teufel Stück für Stück aus ihrer Seele vertreiben und dadurch von den Sünden befreit werden, bessert sich ihr kranker Zustand. Mit Worten allerdings lässt sich dieses göttliche Geheimnis nicht erklären." Die heilenden Mönche, dies bezeugen die gesund gewordenen Kranken und die anderen Brüder im Kloster, haben Erfolg.

Der Kreml in Pskow, der älteste erhöhte Teil in dieser nordrussischen Stadt, am Fluss Pskowa gelegen. Das Gotteshaus, die Dreifaltigkeits-Kathedrale, wurde im 12. Jahrhundert erbaut, aber später zerstört und im 14. und 17. Jahrhundert neu errichtet.

ZWÖLF EINSAME MÄNNER

Über 1000 Kilometer vom Höhlen-Kloster in Pskow und 200 Kilometer von Moskau entfernt liegt die altrussische Stadt Pereslawl-Salesski (Salesski heißt „Hinter dem Wald"). Ich fahre mit dem Auto von Moskau in die Provinzstadt, um dort ein Kloster zu besuchen. Es wurde mir von Russen empfohlen, damit ich Russlands Auferstehung aus Ruinen, die Christianisierung des Landes und die damit verbundenen Schwierigkeiten besonders anschaulich sehen könne. Während ich durch kleine Dörfer fahre, merke ich, dass die Marktwirtschaft und die damit verbundene private Initiative kleine Früchte sprießen lassen. Vor den teilweise schmucken Holzhäusern, Häuser aus Stein gibt es in diesen kleinen Dörfern wenig, bieten die Bewohner dem Reisenden (meistens aus Moskau) frische Kartoffeln, Milch, Käse oder Eier aus den eigenen Gärten und vom eigenen Vieh an.

In der Bezirksstadt Pereslawl-Salesski ist noch weniger vom kapitalistischen Wirtschaften zu sehen. Im Vergleich zu Dörfern, in denen die Bewohner auch zu sozialistischen Zeiten ihr eigenes Häuschen, ihren eigenen Garten und oft zusätzlich noch ein Stückchen Land besaßen sowie eigenes Vieh hatten, waren die Städte und Städter benachteiligt. Und selbst wenn Häuser oder Betriebe bereits privatisiert wurden, fehlt es den meisten Menschen an Erfahrung, an Mut und Geld, mit dem Wiederaufbau und der Restaurierung zu beginnen. Nur einige Reiche, die in der Wendezeit mit oft zweifelhaften, illegalen Geschäften viel und schnell Geld verdient haben, setzen sich an der Peripherie oder auf dem Land protzige Villen mit vielen Türmchen und großen Gärten hin. Ansonsten ist nur die Kirche am Werk, die mit wenigen Mitteln, aber vielen Helfern und fleißigen Händen Aufbauarbeit leistet.

So ist es auch in Pereslawl-Salesski,

in der Stadt der Kirchen und Klöster. Aus der Ferne sehen sie mächtig und prächtig aus, aus der Nähe zeigen sich viele als Ruinen, die nur mit viel Aufwand, Geld und Zeit wiederhergestellt werden können. Und die Kirche hat damit angefangen. Ich fahre ins Nikita-Kloster, etwas außerhalb auf einer Anhöhe am Ufer des Plestschejewo-Sees gelegen. Ein herrliches Architekturensemble, eine wunderschöne Landschaft, ein Blick auf und über den See, den der Reisende für ewig im Gedächtnis behält.

Damit ich als Fremder, zudem Ausländer, der nicht nur mit den Mönchen reden, sondern darüber auch schreiben will, das Kloster besuchen darf, hatte ich die Reise in der Schaltstelle der russischen Orthodoxie, im Moskauer Patriarchat, angemeldet und die zuständigen Kirchenbeamten gebeten, mich im Kloster anzumelden. Dies hatten sie auch getan, wie sich später herausstellte. Nur die Kunde hatte nicht das entlegene Kloster erreicht. Das zuständige Bistum in Jaroslawl hatte die Termine durcheinander gebracht. Im Kloster wurde ich an diesem Tag nicht erwartet.

Wir, meine Frau und ein befreundetes russisches Ehepaar, standen im großen Klosterhof. Es war Ende März, es hatte noch geschneit, der Wind pfiff, besonders auf der Anhöhe, durch unsere Wintermäntel, Schnee hatte sich auf dem Boden mit Lehm zu einer glitschigen Matsche gewandelt. Wir standen bis zu den Knöcheln im Dreck und suchten die Mönche des Klosters. Es war Sonntag, also durften die Mönche draußen nicht arbeiten. Sie mussten irgendwo in den Gebäuden sein. Dann sahen wir ein paar dicke Dielen, die ausgelegt waren, um darauf zu gehen. Sie führten in ein Gebäude unterhalb der Kirche.

Wir gingen über die wackligen Bretter durch eine provisorische Tür in das Haus hinein. Drinnen war es fast finster. Wir fanden eine zweite

Tür, öffneten sie, und in einem dunklen Raum, der von einer kleinen Glühbirne, die von der Decke herabhing, etwas erleuchtet wurde, waren vier Männer – drei sehr junge und ein älterer. Sie saßen auf rohen Holzbänken, an einem aus rohem Holz zusammengenagelten Tisch und aßen. Sie trugen dicke Arbeitsjacken, dickes Schuhwerk an den Füßen, und zwei hatten Pudelmützen auf dem Kopf. In dem so genannten Refektorium im Kloster, dem Speiseraum der Mönche, war es noch kälter als draußen im Hof. In den zwei bis drei Meter dicken Wänden steckte noch die Kälte des frostigen Winters. Die vier Männer fragte ich zuerst nach den Mönchen des Klosters, denn ich dachte, die vier in Winterkleidung Vermummten seien Bauarbeiter, die Mittagspause machten. Es waren aber die von mir gesuchten Mönche, genauer Novizen des Klosters, die noch Mönche werden wollen. Ehe ich fragen und mich erklären konnte, wurden wir aufgefordert, uns mit an den Tisch zu setzen und zu essen. Wir hatten Hemmungen und dankten vielmals. Denn in Moskau und in den vorherigen Klöstern, die ich besucht hatte, wurde uns immer wieder von der großen Armut und dem kärglichen Leben der Mönche im Nikita-Kloster erzählt. Wenn ich hinführe, sollte ich unbedingt Obst, Südfrüchte und Gemüse für die Männer mitnehmen, wurde mir ans Herz gelegt. Das haben wir getan. Wir hatten auch für uns Verpflegung mitgenommen.

Nachdem wir unser Essen ausgepackt und den Novizen etwas angeboten hatten, lehnten diese dankend ab. Wir seien die Gäste, sie die Gastgeber. Nach russischer Sitte mussten wir deren Speisen essen. Um ehrlich zu sein, ich hatte auch Appetit darauf. Es roch gut und sah gut aus. Auf dem Tisch standen eine Nudelsuppe in einem großen emaillierten Kochtopf, Brot und Gurken, also das sonntägliche Festessen der Mönche

und Novizen. Die Nudelsuppe mit Kartoffeln hatte der 21jährige Alexander, den Klosterregeln entsprechend, ohne Fleisch und Knochen nur mit Pflanzenöl gekocht. Die selbst eingemachten Gurken hatten sie von frommen Menschen aus der Stadt geschenkt bekommen, so auch die Marmelade, die zum Tee gereicht wurde. Selbst die heiße Suppe und der Tee konnten uns und wohl auch die Klosterbrüder nicht erwärmen. Trotz der dauernden Kälte, der miserablen Lebensverhältnisse und der schweren Arbeit im Kloster machten die frommen Männer keinen deprimierten Eindruck.

Obwohl die Novizen ohne die Genehmigung des Abtes an Fremde keine Auskünfte geben sollen und dürfen, waren sie nach längerem Zögern und meinen intensiven Bemühungen bereit, zu erzählen und das Kloster zu zeigen. Aber nur, weil sie den Abt, der krank geworden und in sein ehemaliges Kloster in Sergijew Posad gefahren war, nicht erreichen konnten. Normalerweise muss der Abt zu allem „Gottes Segen", wie es im Kloster heißt, geben. Die jüngeren Brüder sprachen verhalten und schüchtern. Der ältere Bruder im Kloster, Alexander, bereits 56 Jahre alt, arbeitsam und lebenserfahren, sagte, was er wusste. Nur fotografieren ließen sie sich alle nicht.

Der Novize und gelernte Zimmermann aus dem nordrussischen Karelien, der Mönch werden will, ist verheiratet, hat drei Söhne, ist bereits Großvater und seit Jahren geschieden, eine der Voraussetzungen, um Mönch werden zu können. Die orthodoxe Mönchsregel, Beten und Arbeiten, das kann im Nikita-Kloster nur so verstanden werden: zuerst Arbeiten und dann, wenn noch ein bisschen Zeit bleibt, Beten. Denn in diesem alten und ehrwürdigen Kloster hat das Wetter, hat die Zeit, haben die Menschen deutliche Spuren der Zerstörung hinterlassen. Türme,

Wände und Dächer sind teilweise eingestürzt.

Als die Kirche 1994 das Kloster wiedereröffnen durfte, waren alle Fenster, alle Türen und die Fußböden demontiert oder zerstört worden. Kein Zimmer, keine Mönchszelle war bewohnbar. Es war eine große Ruine aus Stein. Doch zwölf gottesfürchtige Männer, zwei Mönche und zehn Novizen, ließen sich nicht abschrecken und zogen mit viel Hoffnung und Mut in die Trümmer des Klosters ein. Sie wollen das Kloster um jeden Preis instand setzen, um dann ein normales Mönchsleben führen zu können.

Noch aber sind sie von ihrem Ziel weit entfernt. Sie haben bislang weder Kanalisation noch Heizung noch fließendes Wasser. Das Wasser holen sich die Männer mit Eimern aus einer 300 Meter entfernten Quelle. Die Klosterzellen, die mittlerweile ein Fenster und eine Tür haben, heizen sie mit Holz in kleinen Öfen. Sonst ist es im Kloster überall noch eiskalt. Für ihre seelischen Bedürfnisse und der Ordenspflicht gehorchend, haben die frommen Brüder für ihre Gottesdienste eine Ecke der Klosterkirchen notdürftig eingerichtet.

Bislang können die fleißigen Brüder nur Flickarbeit verrichten. Für einen systematischen Aufbau und eine fachgerechte Restaurierung mit bezahlten Handwerkern aus der Stadt fehlt ihnen das Geld. Das Bistum und das Patriarchat in Moskau sind auch knapp bei Kasse und haben derzeit keine Mittel, um den Wiederaufbau zu finanzieren, der Millionen Dollar kostet, so haben die Klosterbrüder errechnet. Sie hatten nicht einmal das Geld, um sich regelmäßig Lebensmittel zu kaufen. Damit sich die Brüder, die täglich 14 bis 16 Stunden arbeiten, wenigstens satt essen können, haben sie sich (vorerst) fünf Kühe und einige Hühner angeschafft, für die sie in einer Ecke des Klosterhofes provisorische

Ställe gebaut haben. In der Fastenzeit veräußern sie die Milch und die Eier, um sich dafür andere Nahrungsmittel kaufen zu können.

Mit Maschinen und Lastwagen wollten sich die Mönche die schwere Arbeit im Kloster erleichtern. Die russische Armee machte ihnen ein Angebot, auf das die Klosterbrüder eingingen; für viel technisches Gerät brauchten sie nur wenig Geld zu zahlen. Die Soldaten stellten den Klosterhof mit schweren Lastern, Kränen und Baggern förmlich voll. Als die technisch versierten frommen Männer mit den Maschinen arbeiten wollten, stellten sie erst fest, dass viele gar nicht betriebsbereit waren. Bruder Alexander: „Über die Hälfte der Maschinen ist kaputt. Wir müssen wohl aus zwei Lastern einen machen." Jetzt rätseln die Brüder darüber, ob die Armee ihnen helfen oder nur das alte Gerät loswerden wollte. Eins aber steht fest, dass sie weiterhin mit ihren Händen schwere Arbeit verrichten müssen.

Im Nikita-Kloster ist noch soviel zu tun, dass die 24 Hände der zehn Novizen und zwei Mönche oft gar nicht wissen, wo sie zuerst anfangen sollen. Sie brauchten mehr Brüder und Mönche, damit die Arbeit im Kloster schneller voranginge. Diese wiederum können nur schlecht, ja miserabel untergebracht werden, und davor schrecken die meisten zurück. Viele junge Männer kommen ins Kloster, gehen aber schnell wieder weg, wenn sie gesehen haben, dass das Leben in diesem Kloster daraus besteht, hart physisch zu arbeiten, schlecht zu wohnen, fast das ganze Jahr über zu frieren.

Der russische Mönch will und soll allein und in der Gemeinschaft lange beten, lange Gottesdienst mit erhabenen Gesängen feiern und abgeschieden meditieren. Im Nikita-Kloster ist dies noch nicht möglich. Deshalb auch haben 1994 zwanzig junge Männer nach kurzem Aufenthalt das Kloster wieder verlassen. Geblieben

Gegenüber: In der Klosterbäckerei wird für die Kommunion der Gläubigen speziell geformtes Brot gebacken. Es wird dann geweiht, zerbrochen, im Kelch mit Wein getränkt und den Gläubigen von Priestern dargereicht.

Das Nikita-Kloster wurde vom Zaren Iwan dem Schrecklichen im 16. Jahrhundert als Festung erbaut. In der mittelgroßen Stadt Pereslawl-Salesski sind bereits vier Klöster wieder eröffnet worden.

sind die zwölf Novizen und Mönche, die von Anfang an dabei waren. Bei soviel Aufbauarbeit werden noch Jahre vergehen, bis die Zahl der Mönche wieder erreicht ist, die einstmals in dem mächtigen Kloster gelebt haben: Es waren über 400. Novize Alexander: „Wir werden das Kloster aufbauen und die Zahl der Mönche von einst wieder erreichen."

Stolz berichtet der Familienvater und angehende Mönch Alexander von seinem Kloster und dem christlichen Ort Pereslawl-Salesski – wie sie früher einmal waren und wie sie

wieder werden sollen. Die traurige Zwischenzeit unter kommunistischer Herrschaft möchte er schnell vergessen. Bis zur Revolution von 1917 gab es in der Stadt mit weniger als hunderttausend Einwohnern 40 Kirchen und 14 Klöster. Die Bolschewiki schlossen alle Klöster und die meisten Kirchen. In ihnen wurden Betriebe oder Lager eingerichtet, Museen oder Ballettschulen einquartiert, viele Kirchen verkamen einfach nur so. Das Nikita-Kloster wurde von staatlichen Behörden so lange genutzt, bis es wegen Baufälligkeit

geräumt werden musste. Es war ein Gefängnis, eine Schule, ein Ort der gefürchteten Staatssicherheit und ein Lager für deutsche Kriegsgefangene. Danach verfiel es immer mehr, obwohl auch vorher schon nichts repariert worden war.

Das Kleinod der altrussischen Stadt, das Nikita-Kloster, wurde in nur drei Jahren, von 1561 bis 1564, vom Zaren Iwan dem Schrecklichen errichtet. Der kriegerische Zar baute das Kloster zu einer Festung mit dicken Mauern und Türmen aus, um sich dort gegen Feinde von außen

und innen mit seinen Soldaten im Kloster verteidigen zu können. Aber auch alle anderen Klöster der Stadt haben eine Vergangenheit, eine architektonische Bedeutung und eine monastische Geschichte, die jetzt nach dem Wandel in Russland erneuert werden soll. Drei Klöster sind bereits eröffnet, weitere werden folgen. Eins haben alle gemeinsam: Sie sind in einem schlechten Zustand. Nur ganz so ruiniert wie das Nikita-Kloster waren die anderen nicht.

MYSTIK UND MUSIK

Irenäus Totzke

Entgegen vielen landläufigen Vorstellungen hat Mystik zunächst nichts mit Verzückungen, rauschhaften Zuständen, Visionen und Auditionen zu tun. Mystik ist vielmehr ein allmähliches – gelegentlich auch blitzhaft sich einstellendes – Wachstum in das Ganze der Wirklichkeit hinein, wobei die Barrieren zwischen dem so genannten Diesseits und dem so genannten Jenseits kleiner, ja bisweilen ganz aufgehoben werden. Alle Religionen kennen diese immer wieder auftretende Begabung von Men-

schen. Ganz gleich, auf welcher „religionswissenschaftlichen Stufe" eine Religion steht – Naturreligion, schamanistische Stufe oder Hochreligion –, immer handelt es sich bei mystischer Begabung darum, dass die leidvolle Erfahrung des Menschen, ein zwischen Himmel und Erde, zwischen „Oben und Unten" geteiltes Wesen zu sein, in eine Erfahrung des Ganzen, des Universalen, des Vereint-Seins umschlägt.

In dem berichtenden Sprechen der Mystiker über ihre Erlebnisse kommen dann die Besonderheiten der jeweiligen Kultur, auch der schon genannten „religionswissenschaftlichen" beziehungsweise „religionshistorischen Stufe" zum Tragen, das heißt ein buddhistischer und ein christlicher Mystiker werden sich eines je anderen Vokabulars bedienen, um ihre Tiefenerlebnisse zu artikulieren. Hieraus erklären sich die in den einzelnen Jahrhunderten, aber auch von Kontinent zu Kontinent verschieden formulierten Erzählungen, besonders aber die verschieden formulierten, vom Intellekt her erarbeiteten Einkleidungen, Erläuterungen und Schlussfolgerungen. Auch die zwischen Asien und Europa stehende Frage, ob die Einigung mit dem Unaussprechlichen eine totale oder eine annähernd totale ist, ob also die Personalität des Menschen in der Unio mystica weiter besteht oder aufgelöst wird, erfährt auf dieser Ebene ihre Beantwortung.

Die verschiedenen Formen asiatischer Mystik, die sich seit dem weichenstellenden 68-er Jahr in Europa vorübergehend steigender, jetzt wieder abebbender Beliebtheit erfreuten und erfreuen, gehören zur großen Familie der Individualmystik. Dies gilt sowohl für den Hinduismus wie für den Buddhismus. Obwohl Letzterer im Gegensatz zum Hinduismus gemeindebildend ist, ist seine Religiosität doch eindeutig auf den Einzelnen ausgerichtet.

Allerdings gilt es hier zu unterscheiden: Das asiatische Individuum unterscheidet sich vom west-europäischen, durch Katholizismus und Protestantismus geprägten, dadurch, dass es seinsmäßig unendlich viel mehr in die jeweilige Glaubensgemeinschaft eingebunden ist. Insofern handelt es sich bei asiatischen Formen der Mystik zwar um auf das Individuum ausgerichtete Heilswege, die aber gleichzeitig, da das Individuum seinshaft nicht nur in seine Glaubensgemeinschaft, sondern in die ganze Menschheit, ja – Stichwort: Wieder- Verkörperung – in den ganzen Kosmos des Lebens eingebunden ist, auf den gesamten Bereich des Daseins abzielen.

Dies gilt besonders für den so genannten Nördlichen (Mahayana-) Buddhismus, bei dem die Sorge um das Heil der universalen Menschheit expressis verbis zum Ausdruck kommt und seinen asketischen Niederschlag in dem – auch für

Kinder nehmen mit brennenden
Kerzen am Gottesdienst teil. Auch
die Kinder und Jugendlichen
besuchen vermehrt die wieder
eröffneten Kirchen und versuchen,
die Geheimnisse des Glaubens
zu ergründen.

einen Christen bewundernswerten –
Bodhisattva-Ideal findet. Nichts-
destoweniger meditiert auch der
Mahayana-Buddhist allein, macht
seine mystischen Erfahrungen allein
und hat seine mystischen Erlebnisse
als Einzelner, selbst dann, wenn er
als Mönch im Tempel zusammen mit
anderen Mönchen die heiligen Texte
rezitiert oder Mantren singt.

Anders ist die Lage im östlichen
Christentum. Hier vermittelt – neben
der privaten Frömmigkeit, die es ge-
nauso wie im westlichen Christentum oder in den östlichen Religionen
gibt – der Kult mystisches Erleben
und mystische Erfahrung, und zwar
sowohl für den mitfeiernden Einzelnen wie für die ganze Gemeinde.
Man spricht hier von ekklesialer
oder gemeindlicher Mystik. Die
geistigen Ebenen aber, auf denen
die Begegnung von Schöpfer und
Geschöpf, von Erlöser und Gemeinde im Sinn des Einheit stiftenden
Brückenschlages stattfindet, sind
folgende: das heilige Bild (die Ikone),
das heilige Wort, das heilige Sakra-
ment. Für unser Thema soll das
heilige Wort im Vordergrund der Be-
trachtung stehen; denn es wird im
orthodoxen Gottesdienst ausschließlich als klingendes Wort hörbar.

ORTHODOXER GOTTESDIENST

Christlicher Gottesdienst geschieht,
um die Gegenwart – die „Ankunft" –
Christi zu erleben. Christen versammeln sich zur Feier ihrer Mysterien
nicht nur, weil der Herr und Meister
beim Letzten Abendmahl sagte: „Tut
dies zu Meinem Gedächtnis", sondern sie tun dies, um in herbeiholen-
dem Gedenken die Präsent-werdung
des Gottessohnes zu erleben. „Gedächtnis", eins der Schlüsselworte
christlicher Liturgie, meint nämlich
nicht „Erinnerung", also den Sprung
vom Heute ins Damals, sondern
Herbeiholung des Damals ins Heute.
Dank ihrer meditativen Kraft macht

die liturgische Feier dies möglich. Indem die feiernde Gemeinde sich die
Heilstaten des Gottessohnes, die er
während seines irdischen Lebens-
wandels vollzog, vor das innere Auge
stellt, werden sie entsprechend der
gehobenen Seelenlage, in der die Gemeinde sich befindet, gegenwärtig.
Deshalb fangen nicht wenige Hymnen mit dem Wort „Heute" an; denn
indem das gefeierte Ereignis gegenwärtig wird, ist eben jetzt Weihnachten, jetzt Ostern, jetzt Pfingsten
usw. Die „gehobene Seelenlage" aber
ist nicht ein bloßes Gefühl, sondern
ist erhobener Geist: Heiliger Geist.
Vor jedem Gottesdienst wird des-
wegen eigens um ihn gebeten, und in
der Liturgie (Eucharistiefeier) wird er
zusätzlich noch zweimal auf Zelebranten, Gaben und Gläubige
herabgerufen: bei der Opferung und
bei der Heiligen Wandlung. Für den
Außenstehenden geschieht in der
heiligen Feier nichts, außer dass gebetet, gesungen und umhergegangen
wird. Für den von heiligem, ja vom
Heiligen Geist Erhobenen aber geschieht die Wandlung: Aus Brot und
Wein werden Leib und Blut Christi,
aus Erdenbürgern werden Erd- und
Himmelsbürger.

Und dies alles geschieht nicht in
einem vernünftelnden, gleichsam
meta-chemischen Akt, sondern in
einer Feier, in der musiziert wird.
Zwar scheiden nach östlicher
Tradition die Instrumente aus, doch
ist das Instrument der Instrumente,
die menschliche Stimme, dauernd in
Aktion: bei den Zelebranten, beim
Chor und bei den Gläubigen.

Leider ist in manchen orthodoxen
Landeskirchen, beispielsweise in der
griechischen, der Gemeindegesang in
den letzten Jahrhunderten so gut wie
ausgestorben, doch verhält sich das
in anderen Landeskirchen Gott-sei-
Dank anders. So etwa kam es in der
russischen Kirche gerade während
der bolschewistischen Herrschaft –
da die Liturgie das Einzige war, was
von religiösen Lebensäußerungen

seitens der Regierung noch toleriert wurde – zur Wiederbelebung des Gemeindegesangs, wovon man sich bis zum heutigen Tag überzeugen kann.

Bezüglich der Aufgaben des Chores aber sollte sich der westliche Besucher vor Augen halten, dass, wenn die Gemeinde schweigt, sie keineswegs am heiligen Geschehen unbeteiligt ist. Während in den westlichen, katholischen wie evangelischen, Gottesdiensten der Chorgesang gewissermaßen eine Ruhepause für die Gemeinde bedeutet, geht in den orthodoxen Kirchen die Gemeinde beim Chorgesang innerlich mit. Dies zeigt sie durch Verbeugungen, Kreuzzeichen, Niederknien, gelegentlich auch durch Aufseufzen oder – etwa am Karfreitag – durch gerührtes Weinen an. Immer ist sie dabei. (Dass es daneben auch innerlich unberührte Routinebesucher des Gottesdienstes gibt, soll uns hier nicht interessieren – solche gibt es in jeder Konfession und Religion.)

Die Musik spielt im christlichen Gottesdienst seit jeher eine integrierende Rolle. Sie ist nicht Ausschmückung, auf die man verzichten kann – solche Rationalisierungsmaßnahmen kamen erst im hohen Mittelalter bei den Privatmessen der Geistlichen und dann im 20. Jahrhundert in der Jugendbewegung auf –, sondern sie ist ein Teil des Gottesdienstes selbst: Die heiligen Feste werden von den einzelnen Teilnehmern der Feier singend vorgetragen: von den Liturgen, vom Chor und von der Gemeinde.

Während im 20. Jahrhundert in West- und Mitteleuropa die Elemente des Rezitierens und Sprechens (besonders für die Texte aus der Heiligen Schrift) um sich griffen, blieben die einzelnen Ostkirchen dem alten Prinzip treu, nur gesungene Liturgien zuzulassen.

Im Osten gibt es drei Konfessionen: die ostsyrische (heute oft assyrische genannt), die altorientalische (Kopten, Westsyrer, Armenier und Äthiopier) und die orthodoxe.

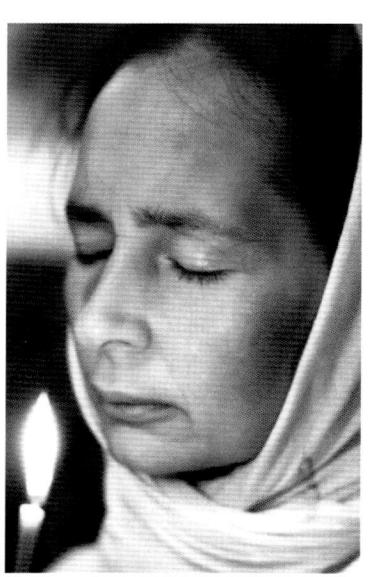

Eine junge Frau steht mit einer Kerze in der Hand gottergeben in der Kirche.

DIE MUSIK DER ORTHODOXEN KIRCHE

Die Orthodoxe Kirche ist landeskirchlich gegliedert. Die einzelnen Kirchen werden oft Patriarchate genannt, territorial kleinere Kirchen heißen Erzbistümer oder Metropolien. Heutzutage unterscheiden wir vierzehn verschiedene Landeskirchen, die alle den gleichen orthodoxen Glauben haben, im Gottesdienst aber seit alters ihre eigene Sprache und Musik benützen und sich auch weitestgehend unabhängig voneinander verwalten. Für die Gesamtkultur der Orthodoxie waren aber hauptsächlich zwei Kirchen von Bedeutung: die griechische und die russische.

Die griechische Kirche hatte bis Anfang des 19. Jahrhunderts ihren Verwaltungs- und Kulturmittelpunkt in Konstantinopel, dann aber verlagerte sich dieser aus politischen Gründen (z.B. wegen zunehmender türkischer Repressalien) nach Athen und Thessalonich. In Konstantinopel sind heute nur noch wenige Griechen, obwohl die Kirche sich aus historischen Gründen immer noch stolz „Ökumenisches Patriarchat Konstantinopel" nennt. Zwar wird auch hier in den wenigen Kirchen, die es noch gibt, immer noch der alte byzantinische Gesang gepflegt, doch hat sich auch in musikalischer Hinsicht der Schwerpunkt von Lehre und Forschung längst nach Athen und Thessalonich verlagert.

Für die russische Kultur war seit der Taufe Russlands im Jahr 988 bis ins 14. Jahrhundert hinein Kiew das geistige Zentrum, dann schoben sich Novgorod und Moskau nach vorn. Der Grund hierfür war die in den Jahren 1237 bis 1240 erfolgte Eroberung der reußischen Lande durch die Tataren. Diese machten die Westgrenze Alt-Russlands zu ihrer eigenen, was aber zur Folge hatte, dass nun das westlich davon gelegene Polen aus Angst, die Tataren würden

Folgende Doppelseite:
1988 — anlässlich der
1000-jährigen Christianisierung
Russlands — durfte erstmals der
berühmte Mönchschor aus
Sergijew Posad (früher Sagorsk)
nach Deutschland reisen. Hier
singt er im Mainzer Dom.

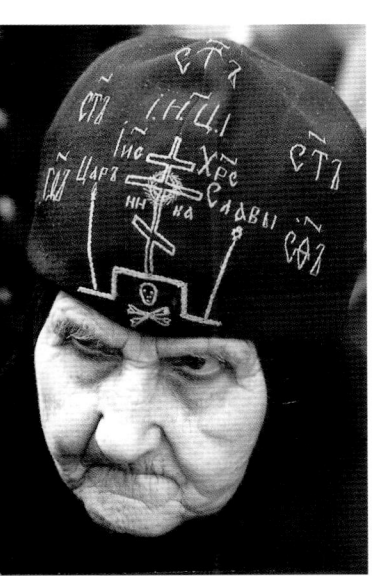

Oben: Eine alte Nonne, die nach
besonders strengen Regeln im
Kloster lebt. Sie meditiert oft
20 Stunden lang am Tag und in
der Nacht. Auf ihrer Nonnenkutte
mit Kapuze steht: Ruhm dem
himmlischen Zaren. Herr,
erbarme dich.

auch dieses Land überrennen, alle möglichen militärischen Anstrengungen unternahm, um die Tataren zurückzudrängen. Sie verbündeten sich hierbei mit den – ab dem 17. Jahrhundert Ukrainer genannten – Südrussen, indem sie diese mit Waffen versorgten und deren Aufstände mit Geld unterstützten. Die Folge davon war allerdings nicht nur ein allmähliches Zurückweichen der Tataren, sondern auch eine gleichzeitige Unterstellung (wenn nicht Unterwerfung) der befreiten Gebiete unter die polnische Krone. Dies hatte für die Musik weitestreichende Folgen.

Die russische Kirchenmusik

Die allmähliche Einverleibung der südreußischen Gebiete in den polnisch-litauischen Staatsverband (Polen und Litauen hatten sich 1386 vereinigt) führte zu politischen und religiösen Problemen. Politisch gelang es den Ostslawen zwar, dem polnischen König gegenüber eine gewisse Autonomie zu wahren, indem sie im so genannten „Hetman" eine Art Vizekönig aus den eigenen Reihen hatten, religiös übte die Krone aber immer stärkeren Druck auf die galizischen, wolhynischen und kievlanischen Diözesen aus, um sie von Konstantinopel zu lösen und Rom zu unterstellen. 1596 unterwarfen sich tatsächlich einige Bistümer dem Apostolischen Stuhl, wobei Rom ihnen gestattete, jene Teile des byzantinischen Ritus zu behalten, die den römischen Auffassungen nicht widersprachen.

Dies hatte für die Musik Zweierlei zur Folge: Einerseits gelangten die katholisch gewordenen Bistümer nun unter den musikalischen Einfluss der damaligen polnischen Musik – und das war der venezianische Stil Gabrielis und Monteverdis –, andererseits blieb den orthodox gebliebenen nach kurzem Zögern nichts anderes übrig, als ihrerseits diesen Stil zu kopieren, um nicht von den Propagatoren der Union als kulturell rückständig angeprangert zu werden. Beide entfernten sich aber auf diese Weise von dem im Norden Russlands (mit den Zentren Novgorod und Moskau) üblichen einstimmigen byzantino-russischen Stil. Von nun an bewegte sich die russische Kirchenmusik auf zwei Gleisen: Im Bereich der Kiewer Metropolie wurden für das Ordinarium (die gleichbleibenden Teile des Gottesdienstes) der venezianische Stil bevorzugt und für das Proprium (die veränderlichen Teile des Gottesdienstes) der – jetzt dreistimmig gesetzte – alte Kiewer Choral benützt; im Bereich des Zartums Moskau aber regierte einstweilen noch der alte, aus dem byzantinischen Choral entwickelte so genannte „Neumengesang".

Die konservative Haltung Moskaus dauert indes nicht lange, weil Überfälle durch Polen und Schweden gegenüber dem zwar byzantinisch hochkultivierten (das heißt einseitig auf das Geistige ausgerichteten), militärisch aber schwach gerüsteten Großrussland zu einem politisch-kulturellen Umdenken zwingen. Die 1613 auf den Thron gelangte Dynastie Romanov gibt sinngemäß als Devise aus: „Überwindung durch Angleichung", das heißt der Prozess der Verwestlichung setzt nun auch hier ein. 1652 holt der neugewählte Patriarch Nikon von Moskau die ersten ukrainischen Sänger ins Land, um den südrussischen Musikstil einzuführen. Zwei Jahre später werden die Ukraine und Moskovien zum neu-russischen Gesamtstaat vereinigt, sodass der kulturelle Ukrainisierungsprozess nun das ganze Land ergreift. Fortan entwickelt sich die gesamte russische Kirchenmusik – ab dem XVIII. Jahrhundert von Petersburg aus zentral gesteuert – nach westlichen Kompositionsmustern. Nur für das Proprium bleibt der Choral, vierstimmig harmonisiert, in Übung.

MUSIK UND MYSTIK

Ähnlich wie die Ikone trägt auch die Kirchenmusik, ja trägt der ganze Gottesdienst, christlichem Grunddogma entsprechend, gottmenschlichen Charakter. Die beiden Naturen in Christus, die göttliche und die menschliche, in einer einzigen Erscheinungsweise einigermaßen adäquat darzustellen, ist Grundaufgabe aller ostkirchlichen Kunst: der Malerei, der Musik sowie des ganzen gottesdienstlichen Ritus, der als

Inbrünstig nehmen die Gläubigen mit Kerzen am Gottesdienst teil. Die gelebte russische Spiritualität ist in den Kirchen allgegenwärtig.

solcher ebenfalls als ein Kunstwerk zu betrachten ist.

Schon bei den Griechen wurde in byzantinischer Zeit diesem Anliegen entsprechender Tribut gezollt: die Architektur der Kreuzkuppelkirche sowie Fresken, Mosaiken und Tafelbilder bringen es zum Ausdruck; denn einerseits handelt es sich um einen menschlichen Versammlungsraum, der mit Erzeugnissen bildender Kunst ausgestattet ist, andererseits ist es der Raum, in dem die Begegnung mit der Gottheit sich ereignet, und die verschiedenen Bildformen stellen nicht nur Christus und die Heiligen dar, sondern –

entsprechend antikem Denken – vergegenwärtigen die dargestellten Personen und Ereignisse.

Nicht anders war es mit der Musik, die ein integrierender Bestandteil des Ritus-Ganzen ist. Zeremonie, Bild und Klang sind letztlich ein unteilbares Ganzes. Wohl kann der Kunst- und Liturgiehistoriker die einzelnen Elemente hinterher gesondert betrachten, doch wird vom Gläubigen die Liturgie stets als Ganzes erlebt.

Zur Eigenart der orthodoxen Musik muss gesagt werden, dass sie stets hymnischen Charakter hat. Hymnus aber als literar-musikalische Gattung entspricht dem, was wir eingangs mit „gehobener Seelenlage" umschrieben. Hymnen haben stets preisenden, er-he-benden (in die Höhe tragenden) Charakter. Im Bereich der so genannten weltlichen Literatur kann diese Höhe die Natur oder das Wesen des Menschen bedeuten (Liebeslyrik etwa); im Bereich des Kultischen ist aber immer die Höhe des Himmels gemeint, wobei es ostkirchliches Spezifikum ist, dass die geistig-seelische Erhebung nicht von der Erde wegführt, sondern einen Brückenschlag von Oben nach Unten und von Unten nach Oben bedeutet, sodass die eine, eben gottmenschliche Wirklichkeit entsteht. Nicht umsonst nennt die orthodoxe Liturgie die Heiligen gern „irdische Engel und himmlische Menschen", um diese Beheimatung im Gesamt der Wirklichkeit anzudeuten.

GRIECHISCHE MUSIK

In der byzantinischen Musik der Griechen kam und kommt das Element des Hymnischen sowie des mystischen Brückenschlages durch zweierlei zum Ausdruck: durch den gewöhnlichen Chorgesang und durch die musikalische Sonderform des kalophonen Gesanges.

Der Chorgesang bemüht sich, die

Worte eindrücklich, das heißt melodisch auszusprechen. Gemeinsames Aussprechen der einzelnen Wörter ist Pflicht, Wortwiederholungen sind verboten. Pro Silbe können ein bis vier Töne stehen, zur Heraushebung wichtiger Wörter können es deren mehrere sein. Man nennt diesen Stil nach den „irmí", den Kopfstrophen des so genannten Kanons, den irmologischen Stil. Eine weiterentwickelte Form, bei der größere Melismen häufig sind, heißt nach der literarischen Form der Stichiren der stichirarische. Daneben aber steht der – meist Solisten vorbehaltene, aber durchaus auch chorisch mögliche – kalophonische („schönklingende") Stil, bei dem nicht nur unendlich lange Melismen möglich sind, sondern der durch Einschubsilben (etwa „te-ri-rem") die Wörter zerhackt, ihnen damit absichtlich den augenblicklichen logischen Sinn nimmt und Sänger wie Hörer auf eine metanoetische Höhe hebt. Es ist klar, dass diese Form des Singens mehr noch als die „gewöhnliche" Art bei Sängern und Hörern die Kenntnis des Textes voraussetzt, sodass sie den Literalsinn der Wörter gleichsam „nicht mehr nötig haben".

Zusätzlich sollte noch beachtet werden, dass auch die Form des Vortrags der heiligen Schriften, die so genannte Ekphonetik (im Westen „kantillieren" genannt), nicht der bloßen Information der Hörer dient, sondern durch die besondere Art eindrücklichen Lesens den Gläubigen die Stimme des Herrn selbst erklingen lässt.

RUSSISCHE MUSIK

Während Bulgaren und Rumänen bis ins 14. Jahrhundert den griechischen Vorbildern – wenn auch in eigener Sprache – mit peinlicher Genauigkeit folgten und die Serben sie ziemlich selbstständig weiter entfalteten, entfernten sich die Russen unter dem Einfluss ihrer Sprache immer mehr von ihnen. Durch die Einführung der abendländischen Musik trat aber dann noch eine Art Paradigmenwechsel ein, sodass die Fähigkeit, den gottesdienstlichen Gesang als Brückenschlag vom Himmel zur Erde zu erleben, sich von der Einstimmigkeit gänzlich auf die Mehrstimmigkeit verlagerte. Nur die von der offiziellen russischen Kirche im 17. Jahrhundert abgespaltenen, so genannten Altgläubigen verwerfen die Mehrstimmigkeit und halten bis heute streng an der alten choralen Einstimmigkeit fest; doch hat sich bei ihnen infolge der jahrhundertelangen konfessionellen Polemik der offiziellen Kirche gegen sie und ihrerseits gegen diese eine Art konfessionelle Gesetzlichkeit breitgemacht, die die Gottesdienste der Altgläubigen im Großen und Ganzen zwar als extrem regeltreu, aber doch gleichzeitig als ziemlich freudlos erscheinen lässt.

In der offiziellen russischen Kirche dagegen hat der Übergang zur abendländischen Mehrstimmigkeit eine ganz eigene Musikkultur hervorgebracht, die völlig unikal in der Welt dasteht. Hier verband sich das religiöse Erlebnis mit der eigenständigen Behandlung der Akkorde, die die russischen Komponisten erfanden. Beginnen wir mit dem mehrstimmigen Choral.

Als der schon genannte Patriarch Nikon (1652–1658) die ersten Sänger aus der Ukraine nach Moskau berief, da hatten sie nicht nur ihre im Gabrieli-Stil verfassten großen Tonschöpfungen im Gepäck, sondern brachten auch den – zunächst nur improvisiert ausgeführten – Kiewer Choral mit. Die Ausführung bestand darin, dass zu den Strophen des irmologischen Stils (die beiden anderen Stilarten wurden nicht berücksichtigt) eine Oberstimme eine konstante Terz, ein so genanntes Terz-Organum sang und eine Unterstimme Dreiklänge ergänzte. Wenn man die Männerstimmen (Frauen wurden erst im 14. Jahrhundert in die Chöre aufgenommen) durch Knabenstimmen verdoppelte, erhielt man eine einfache, gleichzeitig aber sehr beeindruckende Sechsstimmigkeit. Diese Art zu singen hat sich in Provinzchören bis heute erhalten. Für anspruchsvollere Chöre wurde eine Füllstimme hinzukomponiert, und man erhielt einen akademisch-einfachen, so genannten „Kantorensatz". „Kippte" man die Stimmen und nahm man die Melodie als oberste Stimme, erhielt man einen einfachen, sauberen Kantionalsatz. Hinzu kamen dann für das Ordinarium freie Kompositionen.

Wenn man so landläufig eine im Radio oder auf der Schallplatte erklingende geistliche Musik als „typisch russisch" bezeichnet, dann handelt es sich fast immer um solche Choralsätze, deren Chrakteristikum nicht nur die relativ einfache Melodik und Harmonik, sondern darüber hinaus die psalmodische Struktur ist, die zu diesem Urteil veranlassen. Zum Psalm aber gehört – sowohl im Westen wie im Osten – das Rezitativ. Und Rezitieren auf Akkorden wird nun automatisch als „russisch" empfunden, wobei dies eigentlich nicht selbstverständlich ist, da auch der katholische Westen in vergangenen Jahrhunderten diese Singweise kannte. („Falsobordone" nannte man diese Technik.) Sie war in der Renaissance und im Barock, aber auch während der so genannten cäcilianistischen Periode (Neo-Renaissance) der katholischen Kirchenmusik im 19. Jahrhundert in Übung. Da sie aber dann im Westen in Vergessenheit geriet, jedoch von nach dem Ersten Weltkrieg durch Europa ziehenden Kosakenchören („Donkosaken") eifrig gepflegt wurde, bekam sie ein russisches Label.

Ein weiteres Moment kommt hinzu: Es ist die eigenartige Behandlung der Akkorde, die diese Sätze zeigen. Die Akkorde entstehen näm-

lich nicht, so westlich vertraut sie auch im ersten Augenblick erscheinen, nach den Regeln der westlichen Harmonielehre, sondern haben teils modalen – also altertümlichen, vorbarocken – Charakter, teils sind sie aus der genuin russischen Entstehungsweise zu erklären. Die alt-russische Tonleiter, die vor Einführung der abendländischen Musik das musikalische Feld beherrschte, hatte 12 Stufen; sie ging von g bis zum 12 Stufen höheren d. Charakteristisch dafür war, dass sie aus vier gleichen Terzgängen bestand, also keine großen Septimen kannte: g-a-b, c-d-e, f-g-a, b-c-d. Durch das im 17. Jahrhundert erfundene Terzorganum und das im selben Jahrhundert von Polen her sich ausbreitende Dreiklangsdenken- und -empfinden entstanden nun, wenn – wie oben beschrieben – die Unterstimme „Dreiklänge ergänzte", Akkorde, die nicht auf dem abendländischen Quintenzirkel basierten. Sie setzten sich aber im russischen Klangbewusstsein so sehr fest, dass auch alle im 18. Jahrhundert und später verbreiteten westlichen Satz- und Harmonielehren sie nicht verdrängen konnten. Man empfindet sie in und außerhalb Russlands als „typisch russisch", darüber hinaus als „typisch orthodox", wobei man dies nicht als bloße konfessionelle Beschreibung meint, sondern eben jene religiöse Tiefe, die man gemeinhin der orthodoxen Frömmigkeit zuschreibt, auch hier herauszuhören und zu empfinden glaubt. Gewiss kann hier der westliche Wissenschaftler den Einwand erheben, das seien „nur subjektive Empfindungen", die speziell bei Nicht-Orthodoxen zu finden seien; doch kann dem entgegnet werden, dass es immer zugleich die Worte und deren Inhalt sind, die erklingen, und dass es die einmalige, vom gesamten Westen total differierende Art orthodoxen Singens ist, die diesen Eindruck als völlig zu Recht bestehend vermittelt.

Freilich muss hier unterschieden werden: Es handelt sich bei diesem Urteil „typisch russisch" und „typisch orthodox" um zwei Erfahrungen unterschiedlicher Qualität: um den Eindruck einer unbestimmten vagen Heiligkeit und um die tatsächliche Begegnung mit dem Heiligen. Wie es beispielsweise im Bereich der Ästhetik oder Sexualität zielgerichtetes und nicht-zielgerichtetes Streben und Erleben gibt, so verhält es sich auch hier: Das tiefere, dem Menschen als reifes Individuum entsprechende Erleben ist ohne Zweifel das zielgerichtete, in diesem Fall: die Verbindung von Klang und verinnerlichtem Wort. Ähnlich ist es ja auch bei der Ikone, bei der die schiere Malerei keineswegs genügt, sondern bei der die Beschriftung (das definierende Wort) zwingend vorgeschrieben ist.

DIE FREIEN KOMPOSITIONEN

Wie schon erwähnt, wurde das Ordinarium, das heißt die gleichbleibenden Teile der Gottesdienste (Liturgie, Abend- und Morgenlob), nach Einführung der westlichen Mehrstimmigkeit der freien Komposition überlassen. Diese folgte nach 1654 zunächst den damals üblichen polnisch-ukrainischen Vorbildern (Gabrieli, Dileckij), dann im 18. Jahrhundert zunehmend italienischen Mustern (Hofdirigenten wurden Galuppi, Paisiello, Cimarosa, Sarti und Zoppi) und geriet schließlich im 19. Jahrhundert unter deutschen Einfluss.

Diese drei Einflusswellen – die polnische, die italienische und die deutsche – bedeuteten aber nicht nur eine „Entwicklung" der russischen Kirchenmusik, sondern zugleich auch eine Überfremdung. Der berühmte russische Musikologe Ivan von Gardner (1898–1984) nannte die Musik aus diesen Epochen „polnische, italienische oder deutsche Musik mit slawischem Beigeschmack". So konnte es denn auch nicht ausbleiben, dass sich eine Opposition bildete. Diese trat ab ca. 1830 auf den Plan und verlangte eine stärkere Berücksichtigung der kanonischen Choralmelodien auch für das Ordinarium. Man solle diese nach den Prinzipien des protestantischen Chorals einfach, fromm und gemeindeverständlich mehrstimmig setzen.

Das Zentrum dieser Bewegung war die Kaiserliche Hofkapelle in Petersburg. Gegen Ende des 19. Jahrhunderts wurde sie ziemlich radikal, indem sie so gut wie alle ihr „zu westlich" erscheinenden Werke aus dem Gottesdienst verbannte. Als einziger Komponist fand Dmitrij Stepanovic Bortnianskij (1751–1825) vor ihren Augen Gnade, weil er durch seinen Lehrer Galuppi (1705–1785) einen so genannten „Palestrina-Stammbaum" nachweisen konnte und demzufolge als Angehöriger des „strengen Stils" galt.

Die Reformen, die diese „Choralisten" oder „Strengen Stilisten", wie sie oft genannt werden, durchführten, waren für die Frömmigkeit sicher förderlich. Dem Wort wurde wieder größere Bedeutung zugemessen, dem Virtuosentum wurde der Kampf angesagt, theatralische, aus der Oper stammende unkirchliche Elemente wie übertriebene Dramatik oder übertriebener Lyrismus wurden ausgeschieden, dem mystischen Erleben wurden alle Hindernisse, die der veräußerlichte Gesang darstellte, aus dem Weg geräumt. Allerdings ging dies alles – und das brachte die meisten Künstler gegen diese Richtung auf – zu Lasten der künstlerischen Qualität: Die Selbstbescheidung führte zu übermäßiger Vereinfachung. Hinzu kam, dass die Hofkapelle, nachdem sie 1887 einen Prozess gegen Tschajkovskij – dessen Werke sie im Rahmen ihrer Reformen verbieten wollte – verloren hatte, sich nun nicht mehr überall durchsetzen konnte und so andere Reformer, die ebenfalls über die wachsende Überfremdung klagten, zu neuen Reformansätzen ermunterte.

Diese „anderen" Reformer scharten sich in Moskau um den Komponisten Alexander Kastalskij (1856–1926) und werden zusammengefasst „Moskauer Schule" genannt. Sie entsprechen dem so genannten „Mächtigen Häuflein" in der russischen weltlichen Musik, das sich ebenfalls die Ent-Fremdung und Re-Nationalisierung der russischen Musik zum Ziel gesetzt hatte und durch Komponisten wie Rimskij-Korsakov oder Mussorgskij einen neuen national-russischen Stil schuf, der die italienischen und deutschen Elemente weitgehend zurückdrängte. Ein Mitglied dieses „Mächtigen Häufleins" gehörte denn auch zum Kastalskij-Kreis: Milij Balakirev (1837–1910).

Was Kastalskij schuf, grenzt an ein Wunder: die Wiederherstellung der russischen Kirchenmusik aus altem Geist unter gleichzeitiger Verwendung moderner kompositorischer Techniken. Er forderte und führte durch: l.) die größtmögliche Verwendung von kanonischen Choralmelodien, und zwar nicht als bloße Harmonisation, sondern als frei ausschwingende cantus-firmus-Komposition mit durch die Stimmen wandernder Grundmelodie; 2.) die Behandlung des Chores nicht als kirchliche Liedertafel, sondern als vielfarbiges ein- bis vielstimmiges Orchester; 3.) für Satz und Stimmführung nicht die westlichen Regeln, sondern die unakademischen Besonderheiten des russischen Volksliedes samt seinen Quintparallelen und Oktavverdoppelungen. Leider wurden der Komponist und seine Schule erst gegen Ende des 19. Jahrhunderts wirksam, sodass die Revolution von 1917 eine Breitenwirkung seiner Ideen und Theorien verhinderte. Nur Rachmaninov nahm sie auf und schuf 1915 mit seiner „Vigil" das größte Chorwerk der russischen Kirchenmusikgeschichte. In der Emigration war es Ivan von Gardner, der sich in Wort, Schrift und Komposition vehement für die Moskauer Schule einsetzte.

Für den aufrechten Frommen aber, ja für den im Gottesdienst nach echtem und nicht vorgetäuschtem mystischen Erleben Suchenden bietet die Musik Kastalskijs und seiner Schule – insbesondere Kompanejskijs und Gardners – genau das, was der griechische kalophonische Gesang bietet: Aufstieg der Seele ohne beeinträchtigende Beteiligung des Gefühls; denn diese Musik spricht – mit den Worten des byzantinischen Mystikers Diadochos von Photikí (+475) – „nicht die Sinne des Leibes, sondern die der Seele" an, oder wie Gardner es ausdrückte: „Die Moskauer Musik ist nüchterne Begeisterung und begeisterte Nüchternheit". Sie ist ekklesial und individual zugleich, sie ist als Musik von unten tönende Gemeinde und als Musik von oben tönender Logos und tönendes Pneuma; sie ist Musik des Himmels und der Erde, der Erde und des Himmels.

Ohne Zweifel partizipieren auch die anderen Schulen des russischen Kirchengesangs an diesen hehren Tendenzen und Zielen, doch bildet – ebenfalls ohne Zweifel – die Moskauer Schule den Höhepunkt dieses jahrhundertealten innerrussischen musikalischen Lebens und Strebens.

Es ist sehr schwer, das Typische einer Nation, die Individualität eines Volkes zu bestimmen. Hier ist keine streng wissenschaftliche Definition möglich. Das Geheimnis einer jeden Individualität vermag nur die Liebe zu erkennen, und immer bleibt in ihr etwas bis in die letzte Tiefe Ergründbares. Mich interessiert im Folgenden weniger, was Russland empirisch gewesen ist, als vielmehr die Frage danach, was der Schöpfer mit Russland beabsichtigt hat, die nur dem Geist zugängliche Gestalt

DIE RUSSISCHE IDEE

Nikolaj Berdjajew

Nikolaj Berdjajew

des russischen Volkes, seine Idee. Tjutschew hat gesagt: „Mit dem Verstand ist Russland nicht zu begreifen, nicht mit gewöhnlichem Maß zu messen, es hat einen ganz eigenen Charakter, an Russland kann man nur glauben." Um Russland zu erfassen, bedarf es der theologischen Tugenden des Glaubens, der Hoffnung und der Liebe. Empirisch gesehen gibt es durchaus Abstoßendes in der russischen Geschichte. Dem hat der gläubige Slawophile Chomjakow in seinem Gedicht über die Sünden Russlands deutlichen Ausdruck verliehen.

Das russische Volk ist ein äußerst polarisiertes Volk. Es kann begeistert und enttäuscht sein, ist äußerst fähig, sich in heftige Liebe und heftigen Hass hineinzusteigern. Es ist ein Volk, welches die Völker des Westens in Unruhe versetzt. Eine jede nationale Individualität ist, wie die menschliche Individualität, ein

Mikrokosmos und schließt daher Widersprüche in sich, doch das ist graduell verschieden. Nach dem Grad der Polarisiertheit und Widersprüchlichkeit kann man das russische Volk nur mit dem jüdischen Volk vergleichen. Und nicht zufällig ist gerade bei diesen Völkern das messianische Bewusstsein stark ausgeprägt. Die Widersprüchlichkeit und Kompliziertheit der russischen Seele kann damit in Zusammenhang gebracht werden, dass in Russland zwei Ströme der Weltgeschichte – Osten und Westen – aufeinanderprallen und in Wechselwirkung geraten. Das russische Volk ist kein rein europäisches und kein rein asiatisches Volk. Russland ist ein ganzer Weltteil, ein riesiger Ost-Westen, es vereinigt zwei Welten. Und immer liegen in der russischen Seele zwei Prinzipien, das östliche und das westliche, miteinander im Streit.

Es gibt eine Entsprechung zwischen der Unfassbarkeit, Grenzenlosigkeit, Unendlichkeit der russischen Erde und der russischen Seele, zwischen der physischen und der psychischen Geographie. In der Seele des russischen Volkes ist eine ebensolche Unfassbarkeit, Grenzenlosigkeit, ein Streben nach Unendlichkeit wie auch in der russischen Weite. Deshalb wurde es dem russischen Volk schwer, diese riesigen Räume zu beherrschen und sie zu formen. Das russische Volk hatte eine gewaltige Kraft des Elementaren und eine verhältnismäßige Schwäche der Form. Das russische Volk ist nicht vorzugsweise ein Volk der Kultur, wie die Völker Westeuropas, es war eher ein Volk der Offenbarung und Begeisterung, es kannte kein Maß und fiel leicht ins Extreme. Bei den Völkern Westeuropas war alles erheblich determinierter und ausgeformter, alles war in Kategorien eingeteilt und abgeschlossen. Nicht so beim russischen Volk, als weniger determiniertem und mehr der Unendlichkeit

Gegenüber: Am Geburts- und Todestag (im Juli und Oktober) des heiligen Sergij Radonesch, der im 14. Jahrhundert das Kloster in Sergijew Posad gegründet hat, kommen Zehntausende Gläubige in den Wallfahrtsort.

zugewandtem Volk, das Definitionen nach Kategorien nicht zu wissen begehrte. In Russland gab es keine scharfen sozialen Grenzen, keine ausgesprochenen Klassen. Russland war niemals im westlichen Sinne ein aristokratisches Land. Zwei gegensätzliche Prinzipien haben der Formung der russischen Seele zugrunde gelegen: das natürliche, heidnische, dionysische Element und die asketisch-mönchische Orthodoxie. Man kann gegensätzliche Eigenschaften im russischen Volk entdecken: Despotismus, Hypertrophierung des Staates und Anarchismus, Freiheit; Grausamkeit, den Hang zur Gewalt und Güte, Menschlichkeit, Milde; Ritengläubigkeit und Wahrheitssuche; Individualismus, ein geschärftes Bewusstsein für die Persönlichkeit und unpersönlichen Kollektivismus, Nationalismus, Eigenlob und Universalismus, Menschlichkeit, die allen gilt; eschatologisch-messianische Religiosität und äußerliche Frömmigkeit; Gottsuche und militante Gottlosigkeit; Sanftmut und Frechheit; Sklaverei und Rebellion. Aber niemals ist das russische Reich bürgerlich gewesen. Bei der Bestimmung des russischen Volkes und seiner Berufung muss man eine Auswahl treffen, die ich eschatologische Auswahl nach dem Endziel nennen will. Daher gilt es auch, ein Jahrhundert auszuwählen, welches die russische Idee und die russische Berufung am meisten charakterisiert. Ein solches Jahrhundert sehe ich im 19. Jahrhundert, dem Jahrhundert des Gedankens und des Wortes, und zugleich dem Jahrhundert einer tiefen Spaltung, die für Russland so bezeichnend ist, sowie einer inneren Befreiung und eines angespannten geistigen und sozialen Ringens.

Für die russische Geschichte ist Diskontinuität charakteristisch. Im Gegensatz zur Ansicht der Slawophilen ist sie alles andere als organisch. In der russischen Geschichte gibt es bisher fünf Perioden von unter-

schiedlicher Gestalt: das Kiewer Russland, das Russland der Zeit des Tatarenjochs, das Moskauer Russland, das petrinische Russland und das sowjetische Russland. Und es ist möglich, dass es noch ein neues Russland geben wird. Russlands Entwicklung war katastrophisch. Die Moskauer Periode war die übelste Periode in der russischen Geschichte, die bedrückendste, die am meisten asiatisch-tatarische in ihrer ganzen Art, und nur durch eine Fehleinschätzung konnten die freiheitsliebenden Slawophilen sie idealisieren. Besser waren die Kiewer Periode und die Periode des Tatarenjochs insbesondere für die Kirche, und schließlich war besser und bedeutender die dualistische, schismatische Petersburger Periode, in welcher das schöpferische Genie des russischen Volkes am stärksten hervortrat. Das Kiewer Russland war nicht vom Westen abgeschlossen, war aufgeschlossen und freier als das Moskauer Reich, in dessen lastender Atmosphäre selbst die Heiligkeit erlosch (in dieser Periode hat es die wenigsten Heiligen gegeben). Die hervorragende Bedeutung des 19. Jahrhunderts ist dadurch bestimmt, dass nach langer Gedankenlosigkeit das russische Volk sich endlich in Wort und Denken aussprach und dies in der sehr drückenden Atmosphäre fehlender Freiheit tat. Ich spreche von der äußeren Freiheit, denn die innere Freiheit geistiger Erleuchtung in Russland zu erklären, bei einem sehr begabten und für höchste Kultur aufnahmefähigen Volk, wie ist jener kulturelle Rückstand, ja Analphabetismus zu erklären, jenes Fehlen organischer Verbindungen mit den großen Kulturen der Vergangenheit? Man hat den Gedanken geäußert, dass die Übersetzung der heiligen Schrift durch Kyrillus und Methodius in die slawische Sprache für die Entwicklung der russischen Geisteskultur ungünstig gewesen sei, denn die Ver-

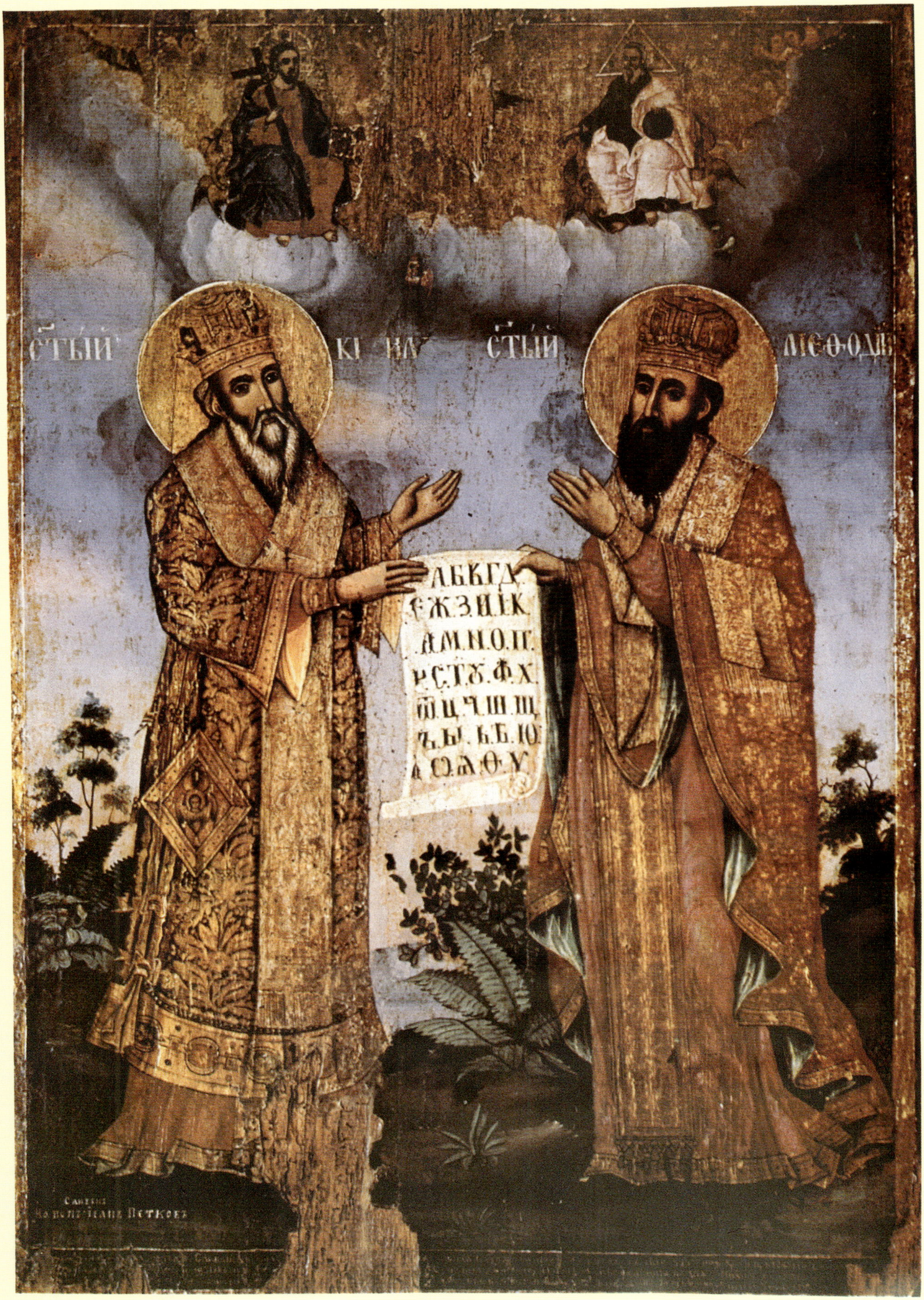
СТЫЙ
СТЫЙ

bindung mit der griechischen und lateinischen Sprache sei abgerissen worden. Die kirchenslawische Sprache wurde zur einzigen Sprache des Klerus, das heißt der einzigen Intelligenz jener Zeit, die griechische und lateinische Sprache waren nicht mehr nötig. Ich glaube nicht, dass man damit die Rückständigkeit der russischen Bildung, die Gedankenlosigkeit und Sprachlosigkeit des vorpetrinischen Russland hat erklären können. Man muss es als charakteristische Eigentümlichkeit der russischen Geschichte ansehen, dass in ihr lange Zeit die Energien des russischen Volkes gleichsam in potenziellem, nicht aktualisiertem Zustand geblieben sind. Das russische Volk wurde niedergedrückt durch einen gewaltigen Kraftverlust, den das Übermaß des russischen Staates kostete. Der Staat erstarkte, das Volk kränkelte, wie Kljutschewskij sagt. Der russische Raum musste beherrscht und beschützt werden. Die russischen Denker des 19. Jahrhunderts, die über Schicksal und Berufung Russlands nachdachten, haben stets darauf hingewiesen, dass jene Potenzialität, Unausgeformtheit und Unaktualisiertheit des russischen Volkes gerade das Unterpfand seiner großen Zukunft gewesen sei. Sie glaubten, dass das russische Volk schließlich der Welt sein Wort sagen und sich selbst offenbaren werde. Allgemeine Ansicht ist, dass das Tatarenjoch die russische Geschichte schicksalhaft beeinflusst und das russische Volk zurückgeworfen habe. Der byzantinische Einfluss jedoch hat das russische Denken innerlich unterdrückt und es traditionell-konservativ gemacht. Der ungewöhnliche, explosive Dynamismus des russischen Volkes zeigte sich in seiner gebildeten Schicht erst seit dem Augenblick der Berührung mit dem Westen und nach Peters Reformen. Herzen hat gesagt, dass das russische Volk auf die Reform Peters mit der Erscheinung Puschkins geantwortet habe. Wir fügen hinzu: Nicht allein Puschkins, sondern auch mit der Erscheinung der Slawophilen, auch Dostojewskijs und Tolstojs, auch der Wahrheitssucher, aber auch mit dem Aufkommen eines originellen russischen Denkens.

Die Geschichte des russischen Volkes ist eine überaus qualvolle Geschichte: der Kampf gegen die Tatareneinfälle und das Tatarenjoch, die ständige Hypertrophie des Staates, das totalitäre Regime des Moskauer Reiches, eine finstere Epoche, der Raskol, der Zwangscharakter der petrinischen Reform, die Leibeigenschaft, das schrecklichste Krebsgeschwür des russischen Lebens, die Verfolgung der Intelligenz, die Bestrafung der Dekabristen, das Unterdrückungsregime des preußischen Jüngers Nikolajs I., der Analphabetismus der Volksmasse, die man aus Furcht im Dunkel der Unwissenheit hielt, die Unvermeidlichkeit der Revolution zur Lösung der Konflikte und Widersprüche und ihr gewaltsamer und blutiger Verlauf und schließlich der schrecklichste Krieg der Weltgeschichte. Zum Kiewer Russland, zum heiligen Wladimir gehören Bylinen und Helden. Ein Rittertum hat sich jedoch auf dem geistigen Boden der Orthodoxie nicht entwickelt. Im Martyrium des heiligen Boris und des heiligen Gleb ist nicht Heroismus, die Idee des Opfers überwiegt. Die Tat des Nichtwiderstrebens ist eine russische Tat. Schlichtheit und Niedrigkeit sind russische Charakterzüge. Ebenso charakteristisch für die russische Religiosität ist die Narrheit – das Annehmen der Beleidigungen von den Menschen, die Weltverachtung, die Herausforderung der Welt. Charakteristisch ist, dass es nach dem Übergang der sündhaften Macht auf die großen Moskauer Fürsten keine heiligen Fürsten mehr gibt. Und nicht zufällig verarmte die Heiligkeit im Moskauer Reich überhaupt. Selbstverbrennung

Folgende Doppelseite:
Viele gläubige und auch nicht
gläubige Russen vertrauen auf
die Heilkraft des geweihten
Wassers. Am 19. Januar — zur
Erinnerung an Christi Taufe —
gehen sie mit Eimern, Kübeln
und Kannen in die Kirche, um
sich mit geweihtem Wasser für
das ganze Jahr auszustatten.

als religiöse Heldentat ist eine anderen Völkern fast unbekannte russische Nationalerscheinung. Das, was man bei uns Doppelglauben genannt hat, die Verbindung von orthodoxem Glauben mit heidnischer Mythologie und Volkspoesie, erklärt viele Widersprüche im russischen Volk. In der russischen Natur hat sich immer ein dionysisches Element erhalten und erhält sich noch heute. Ein Pole sagte mir auf dem Höhepunkt der russischen Revolution: „Dionysos ist über das russische Land gegangen." Das hat etwas zu tun mit der gewaltigen Kraft des russischen Chorliedes und Volkstanzes. Der russische Mensch neigt zu Orgien mit Reigentänzen. Dasselbe sehen wir bei den mystischen Sekten im Volk, zum Beispiel bei den Chlysten. Bekannt ist die Neigung des russischen Volkes zu Ausschweifung und Anarchie, wobei die Disziplin verloren geht. Das russische Volk fügte sich nicht nur demütig einer Herrschaft, der religiöse Weihe zuteil geworden war, sondern brachte aus seinem Schoß auch einen Stenka Rasin hervor, den das Volkslied besingt, und einen Pugatschow. Die Russen sind Flüchtige und Räuber. Und Pilger sind die Russen, auf der Suche nach der Gottes-Wahrheit. Die Pilger weigern sich, den Obrigkeiten in allem zu gehorchen. Der Erdenweg ist für das russische Volk ein Weg der Flucht und der Pilgerschaft. Russland hatte immer viele mystisch-prophetische Sekten. Bei ihnen gab es immer die Sehnsucht nach Verwandlung des Lebens. So war es auch bei der unheimlichen, dionysischen Sekte der Chlysten. In den religiösen Dichtungen genießen Betteln und Armut hohe Achtung. Ihr Lieblingsthema ist das unschuldige Leiden. In religiösen Versen gibt es ein starkes Empfinden für soziale Ungerechtigkeit. Es herrscht ein Kampf zwischen Wahrheit und Lüge. Aber man spürt in ihnen auch den Pessimismus des Volkes. In der Erlösungsvorstellung

des Volkes besitzt die mildtätige Gabe erstrangige Bedeutung. Sehr stark ist im russischen Volk die Religion der Erde, sie ist in einer tiefen Schicht der russischen Seele angelegt. Die Erde ist die letzte Fürsprecherin. Eine Grundkategorie ist die Mütterlichkeit. Die Gottesmutter geht der Trinität voraus und wird beinahe identifiziert mit der Trinität. Das Volk fühlt immer eher die Nähe der Gottesmutter-Fürsprecherin als des Christus. Christus ist der Himmelsherrscher, seine irdische Gestalt ist wenig ausgeformt. Persönliche Verkörperung erlangt nur die Mutter-Erde. Oft wird der Heilige Geist erwähnt. Fedotow betont, dass in der religiösen Dichtung der Glaube an den Christuserlöser fehlt, Christus bleibt immer der Richter, das heißt das Volk sieht anscheinend nicht die Kenosis Christi. Das Volk selbst nimmt das Leiden an, aber es glaubt wohl nur wenig an die Barmherzigkeit Christi. Fedotow erklärt das mit dem schicksalhaften Einfluss des Josifinismus, welcher das Bild Christi beim russischen Volk entstellt hat. Und so will sich das russische Volk vor dem schrecklichen Gott Josif Voloskojs hinter der Erdenmutter, der Gottesmutter, verbergen. Das Bild Christi, das Bild Gottes ist vom Bild irdischer Macht verdrängt und in Analogie zu dieser vorgestellt worden. Gleichzeitig enthielt die russische Religiosität immer ein starkes eschatologisches Element. Wenn einerseits die Religiosität des russischen Volkes göttliche und natürliche Welt immer wieder verband, so sprachen andererseits die Apokryphen, äußerst einflussreiche Bücher, vom künftigen Erscheinen des Messias. Diese verschiedenartigen Prinzipien russischer Religiosität sollten sich auch im Denken des 20. Jahrhunderts auswirken ...

Nächst dem jüdischen Volk liegt die messianische Idee dem russischen Volk am meisten, sie durchzieht die gesamte russische Geschichte bis hin

zum Kommunismus. Für die Geschichte des russischen messianischen Bewusstseins hat die geschichtsphilosophische Idee des Mönches Filofej über Moskau als dem dritten Rom große Bedeutung. Nach dem Untergang des orthodoxen byzantinischen Reiches blieb die Moskauer Herrschaft das einzige orthodoxe Reich. Der russische Zar ist, wie der Mönch Filofej sagt, „auf Erden der einzige Zar über die Christen, der Führer der apostolischen Kirche, die anstatt in Rom und in Konstantinopel in der gesegneten Stadt Moskau steht. Sie allein leuchtet auf der ganzen Welt heller als die Sonne." Die Menschen des Moskauer Reiches hielten sich für das auserwählte Volk. Einige, wie zum Beispiel P. Miljukow, verweisen auf den slawisch-bulgarischen Einfluss auf die Moskauer Ideologie vom Dritten Rom. Aber auch wenn man die bulgarische Herkunft der Idee des Mönches Filofej anerkennt, ändert das nicht die Bedeutung dieser Idee für das Schicksal des russischen Volkes. Worin lag die Zwiespältigkeit der Idee von Moskau als dem Dritten Rom? Die Mission Russlands, Träger und Hüter des wahren Christentums zu sein, ist die Rechtgläubigkeit. Das ist eine religiöse Berufung. „Russe" ist man „durch Rechtgläubigkeit". Russland ist das einzige rechtgläubige Reich und in diesem Sinn ein universales Reich gleich dem ersten und zweiten Rom. Auf diesem Boden entstand der heftige Nationalismus der orthodoxen Kirche. Die Orthodoxie war zum russischen Glauben geworden. In der religiösen Dichtung ist die Rus universal, der russische Zar ist Zar aller Zaren, Jerusalem dasselbe wie die Rus, die Rus ist da, wo die Wahrheit des Glaubens ist. Die russische religiöse Berufung, eine ausschließliche Berufung, verbindet sich mit der Macht und der Größe des russischen Staates, mit der ausschließlichen Stellung des russischen Zaren. Imperialistische Versuchung

geht ein in das messianische Bewusstsein. Dies entspricht ganz der Zwiespältigkeit, die es auch im alt-jüdischen Messianismus gab. Die Moskauer Zaren hielten sich für die Nachfolger der byzantinischen Kaiser. Ihre Herkunft führten sie bis auf den Kaiser Augustus zurück. Rurik war ein Nachkomme des Prust, eines Bruders des Kaisers, der Preußen gegründet hatte. Iwan der Schreckliche, der sich von Prust herleitete, nannte sich gern einen Deutschen. Die Kaiserkrone ging auf die Rus über. Die Abkommenschaft führte noch weiter, sie ging zurück bis auf Nebukadnezar. Nach einer Legende sind die kaiserlichen Regalien von dem griechischen Imperator Monomachos auf Wladimir Monomach übergegangen. Aus Babylon sind die Insignien der Herrschaft auf den rechtgläubigen Zaren des Weltkreises gekommen, weil Glaube und Reich in Byzanz zusammengebrochen waren. Die Phantasie arbeitete im Sinne der Festigung des Willens zur Macht. Das messianisch-eschatologische Element beim Mönch Filofej wird durch die Sorge um die Organisation irdischer Herrschaft geschwächt. Der geistige Zusammenbruch der Idee von Moskau als dem dritten Rom liegt gerade darin, dass das Dritte Rom als Manifestation der Zarenmacht, der Staatsgewalt, vorgestellt wurde, sich als Moskauer Herrschaft gebildet hatte, dann als Imperium und schließlich als Dritte Internationale. Der Zar war zum Stellvertreter Gottes auf Erden berufen. Dem Zaren oblag die Sorge nicht nur um die Interessen des Reiches, sondern auch um die Rettung der Seelen. Darauf legte Iwan der Schreckliche besonderen Wert. Die Konzilien werden auf Geheiß der Zaren einberufen. Erschütternd sind der Kleinmut und die Liebedienerei des Konzils von 1572. Der Wunsch des Zaren war für die Erzbischöfe in kirchlichen Angelegenheiten Gesetz. Was Gottes ist, wurde dem Kaiser gegeben. Die Kirche war dem Staat untergeordnet, nicht erst seit der Zeit Peters des Großen, sondern bereits im Moskauer Russland ...

Die Glaubensspaltung des 17. Jahrhunderts hatte für die gesamte russische Geschichte eine weit größere Bedeutung, als üblicherweise angenommen wird. Die Russen sind Schismatiker (Raskolniki), das ist ein tiefer Wesenszug unseres Volkscharakters. Den Konservativen erscheint in ihrer Hinwendung auf die Vergangenheit das 17. Jahrhundert als das organische Jahrhundert der russischen Geschichte, das sie gern nachahmen würden. Darin irrten auch die Slawophilen. Aber das ist eine historische Illusion. In Wirklichkeit war es ein Jahrhundert der Zwietracht und der Spaltung. Die verworrene Epoche, welche das gesamte Leben in Russland erschüttert, verändert die psychische Verfassung des Volkes. Sie hat an Russlands Kräften gezehrt. In ihr zeigten sich tiefe soziale Feindschaft, der Hass im Volk gegen die Bojaren, der sich Ausdruck in freien, eigenständigen Gemeinschaften des Volkes verschaffte. Die Wolniza (Ungebundenheit) der Kosaken war eine bemerkenswerte Erscheinung in der russischen Geschichte, zeigt sie doch am deutlichsten die Polarität, die Widersprüchlichkeit des russischen Volkscharakters. Auf der einen Seite trug das russische Volk demütig zur Entstehung des despotischen, selbstherrlichen Staates bei. Doch auf der anderen Seite floh es vor ihm in die Wolniza, rebellierte gegen ihn. Stenka Rasin, ein bezeichnend russischer Typus, ist ein Vertreter der „barbarischen Kosaken", der Habenichtse. Jene unruhige Epoche ähnelt bereits einer Erscheinung des 20. Jahrhunderts, nämlich der Revolutionsepoche. Die Kolonisation hatte in Russland das freie Kosakentum geleistet. Ermak schenkte dem russischen Staat Sibirien. Aber zu-

gleich bedeutete die freie Lebensform, in der es verschiedene Schichtungen gab, ein anarchistisches Element in der russischen Geschichte, als Gegengewicht zum staatlichen Absolutismus und Despotismus. Sie zeigte, dass ein Rückzug aus dem unerträglich gewordenen Staat in freie Gebiete möglich ist. Im 19. Jahrhundert kehrte die russische Intelligenz dem Staat den Rücken, wohl anders und unter anderen Bedingungen, aber sie flüchtete gleichfalls in die Unabhängigkeit. Mit ihr beginnt die tiefe Entzweiung im russischen Leben und in der russischen Geschichte, die innere Zerrissenheit, die bis zur russischen Revolution dauern sollte. Und vieles findet hier seine Erklärung. Dies ist die Krisis der russischen messianischen Idee.

Die Reform Peters des Großen war sowohl völlig unvermeidlich, weil durch vorhergehende Prozesse vorbereitet, als auch zugleich erzwungen; sie war eine Revolution von oben. Russland musste aus dem isolierten Zustand herauskommen, in den es das Tatarenjoch und der ganze Charakter des Moskauer Reiches, eines im Stil asiatischen Reiches, geworfen hatten, und in den weiten Raum der Welt eintreten. Ohne die erzwungene Reform Peters, die in vielem für das Volk so qualvoll gewesen ist, hätte Russland nicht seine Mission in der Weltgeschichte erfüllen und sein Wort nicht sagen können. Die Historiker, die sich für die geistige Seite der Frage nicht interessieren, haben hinreichend erklärt, dass ohne die Reformen Peters der russische Staat sich nicht hätte verteidigen und entwickeln können. Die slawophile Sicht der Reform Peters hält der Kritik nicht stand und ist gänzlich veraltet, ebenso aber auch der westlerische Standpunkt, der einen genuin russischen Geschichtsprozess abstreitet. Bei aller Abgeschlossenheit des Moskauer Reiches begann der Verkehr mit dem Westen bereits im 15. Jahrhundert. Zugleich fürchtete sich der Westen immer vor der Gewalt Moskaus. In Moskau existierte eine deutsche Kolonie, und das deutsche Vordringen nach Russland hatte vor Peter begonnen. Russischer Handel und Gewerbe im 17. Jahrhundert waren in der Hand von Ausländern, zuerst vor allem von Engländern und Holländern ...

Peter der Große, der den ganzen Stil des Moskauer Reiches hasste und die Moskauer Bräuche verhöhnte, war ein Erzrusse. Nur in Russland konnte solch ein ungewöhnlicher Mensch auftreten. Russische Wesenszüge an ihm sind Einfachheit, Grobheit, Abneigung gegen Zeremonien, Konventionen und Etikette, ein eigentümlicher Demokratismus, Liebe zur Wahrheit und Liebe zu Russland. Zugleich regte sich in ihm die Urkraft eines wilden Tieres. Peter hat gewisse Züge mit den Bolschewiki gemein. Er war geradezu ein Bolschewik auf dem Thron. Er veranstaltete lächerliche, lästerliche Kirchenprozessionen, die sehr an die anti-religiöse Propaganda der Bolschewiki erinnern. Peter säkularisierte das russische Reich und verlieh ihm den Typus des westlichen aufgeklärten Absolutismus. Das Moskauer Reich hatte die messianische Idee von Moskau als dem Dritten Rom nicht verwirklicht. Aber das Werk Peters schuf einen Abgrund zwischen Polizei-Absolutismus und heiligem Reich. Es entstand ein Bruch zwischen den höchsten Führungsschichten der russischen Gesellschaft und den Volksmassen, in denen sich die alten religiösen Glaubensinhalte und Hoffnungen bewahrten. Die westlichen Einflüsse, die zur beachtlichen russischen Kultur des 19. Jahrhunderts führten, waren für das Volk nicht günstig. Es erstarkte der Adel, der dem Volk gänzlich fremd gegenüberstand. Der ganze Lebensstil der Adels-Grundbesitzer war dem Volk unverständlich. Gerade in der petri-

nischen Epoche, unter der Herrschaft von Katharina II., geriet das Volk endgültig unter die Gewalt der Leibeigenschaft. Die gesamte petrinische Periode der russischen Geschichte ist ein Kampf des Westens mit dem Osten um die russische Seele gewesen. Das petrinische Kaiserreich Russland hatte keine Einheit, keinen eigenen einheitlichen Stil. Aber es wurde fähig zu einer ungewöhnlichen Dynamik. Die Historiker nehmen heute an, dass schon das 17. Jahrhundert ein Jahrhundert der Spaltung und der Anfang westlicher Bildung, der Beginn der kritischen Epoche gewesen ist. Aber mit Peter treten wir endgültig in die kritische Epoche ein. Das Kaiserreich war nicht organisch und lag als schweres Joch auf dem Leben Russlands. Von der Reform Peters geht ein Dualismus aus, der für Russlands Schicksal und für das russische Volk höchst charakteristisch und den Völkern des Westens in diesem Maße unbekannt ist. Wenn schon das Moskauer Reich religiöse Zweifel im russischen Volk hervorrief, so verstärkten sich diese Zweifel gegenüber dem petrinischen Kaiserreich erheblich. Und zugleich ist die verbreitete Ansicht unrichtig, dass Peter, als er den Heiligen Synod nach deutschem lutherischem Muster schuf, die Kirche unterjocht und geschwächt habe. Richtiger ist zu sagen, dass die Kirchenreform Peters schon Resultat der Schwächung der Kirche, der Unwissenheit der Hierarchie und des Verlustes ihrer sittlichen Autorität gewesen ist. Der heilige Dimitrij Rostowskij, der aus dem kultivierten Süden nach Rostow kam – in Kiew war das Bildungsniveau unvergleichbar höher – war von der Grobheit, Unwissenheit und Verwilderung überrascht. Peter musste in schrecklicher Finsternis, in einer Atmosphäre des Obskurantismus arbeiten und Reformen durchführen, er war von Verrätern umgeben. Es wäre ungerecht, Peter in allem die Schuld zu geben. Aber

Gegenüber: Staatsinsignien Russlands: Krone, Reichsapfel, Zarenkrone und Szepter mit dem indischen Diamanten „Orlow". Staatliche Museen des Kreml, Moskau.

der gewalttätige Charakter Peters verletzte die Volksseele. Die Legende entstand, Peter sei der Antichrist. Wir werden sehen, dass die Intelligenz, die sich schließlich durch Peters Werk gebildet hatte, den Universalismus Peters, seine Hinwendung zum Westen übernehmen und das Kaiserreich ablehnen sollte.

Die westliche Kultur im Russland des 18. Jahrhunderts war eine oberflächliche, herrschaftliche Entlehnung und Nachäffung. Selbstständiges Denken war noch nicht erwacht. Anfänglich überwogen bei uns französische Einflüsse, und man eignete sich eine oberflächliche Aufklärungsphilosophie an. Die russischen Adeligen nahmen die westliche Kultur in der Form eines schlecht verarbeiteten Voltairianertums an. Dieser oberflächliche Voltairekult hielt sich bei einem Teil des russischen Adels auch während des gesamten 19. Jahrhunderts, als bei uns schon selbstständigere und tiefere Denkrichtungen erschienen. Im Allgemeinen war das Niveau der wissenschaftlichen Bildung im 18. Jahrhundert sehr niedrig. Der Graben zwischen der Oberschicht und dem Volk wuchs immer mehr. Die geistige Bevormundung unseres aufgeklärten Absolutismus bewirkte wenig Positives und hielt das Erwachen eines freien gesellschaftlichen Denkens nur auf. Beckij berichtet von einem Ausspruch der Gutsbesitzer: „Ich will nicht, dass die Philosophen werden, die mir zu dienen verpflichtet sind." Die Bildung des Volkes hielt man für schädlich und gefährlich ...

Hingegen hat Peter der Große gesagt, dass das russische Volk wie alle Völker zu Wissenschaft und geistiger Tätigkeit befähigt sei. Erst im 19. Jahrhundert haben die Russen wirklich zu denken gelernt. Unsere Voltairianer waren keine selbstständigen Denker. Lomonossow war ein genialer Wissenschaftler, der viele Entdeckungen des 19. und 20. Jahrhunderts in Physik und Chemie vor-

weggenommen und die Wissenschaft der physikalischen Chemie begründet hat. Aber seine Einsamkeit inmitten der Finsternis um ihn her war tragisch. Für die uns hier interessierende Geschichte des russischen Selbstbewusstseins war er von geringer Bedeutung. Die russische Literatur begann mit der Satire, aber sie bot nichts Bemerkenswertes ...

Der Anfang des 19. Jahrhunderts, die Epoche Alexanders, ist eine der interessantesten in der Petersburger Periode der russischen Geschichte. Es war die Epoche mystischer Strömungen, der Freimaurerlogen, eines interkonfessionellen Christentums, der Bibelgesellschaft, der Heiligen Allianz und theokratischer Träume, des Vaterländischen Krieges, der Dekabristen, Puschkins und der Entwicklung der russischen Dichtung, die Epoche des russischen Universalismus, dem so entscheidende Bedeutung für die russische Geisteskultur des 19. Jahrhunderts zukommt. Damals formte sich die russische Seele des 19. Jahrhunderts, ihr emotionales Leben. Interessant war an sich schon die Figur des russischen Zaren. Alexander I. kann man einen russischen Intellektuellen (intelligentom) auf dem Thron nennen; eine komplizierte, zwiespältige Figur, die Gegensätze in sich vereinte, ein unruhiger und suchender Geist. Alexander I. hatte Verbindungen zum Freimaurertum, und ebenso wie die Freimaurer rang er um das wahre und universale Christentum. Er stand unter dem Einfluss der Baroness Krüdener, betete mit den Quäkern, sympathisierte mit dem Mystizismus interkonfessioneller Spielart. Eine tiefe Verwurzelung in der Orthodoxie hatte er nicht. In der Jugend war er durch eine negative Aufklärung gegangen, er hasste die Unterdrückung, sympathisierte mit der Republik und der Französischen Revolution. La Harpe hatte ihn geschult und ihm eine freiheitliche Gesinnung eingegeben. Das innere

Folgende Doppelseite:
Blick auf den Kreml in Rostow
Wjeliki mit der Erlöser-Kirche, der
Hauskirche des Metropoliten, der
die meisten Kremlbauten aus
eigenen Mitteln finanzierte.

Drama Alexanders I. hängt damit zusammen, dass er von den Vorbereitungen zum Mord seines wahnsinnigen Vaters wusste und ihn nicht verhinderte. Um das Ende seines Lebens bildete sich die Legende, er sei zum Pilger Fjodor Kusmitsch geworden, eine sehr russische und sehr wahre Legende. Die erste Hälfte der Herrschaft Alexanders I. stand im Licht von Freiheitsliebe und Reformwillen. Doch ein autokratischer Monarch konnte in jener historischen Periode den Strebungen seiner Jugend nicht mehr treu bleiben, dies war psychologisch unmöglich. Despotische Instinkte und Furcht vor der Freiheitsbewegung führten dazu, dass Alexander Russland der Macht Arakschejews auslieferte, einer grausamen und schrecklichen Figur. Der romantische russische Zar war Inspirator der Heiligen Allianz gewesen, die nach seiner Idee ein Bündnis der Völker auf der Basis des christlichen Universalismus sein sollte. Das war das Programm eines sozialen Christentums. Aber diese Idee wurde nicht verwirklicht, in der Praxis siegte Metternich, ein realerer Politiker, von dem man sagte, dass er die Allianz der Völker in eine Allianz der Fürsten gegen die Völker verwandelt habe. Die Heilige Allianz wurde zur reaktionären Macht. Alexanders I. Herrschaft führte zum Dekabristenaufstand ...

Die Dekabristen bildeten eine unbedeutende Minderheit, die weder in breiteren Kreisen der Oberschicht des Adels und der Beamtenschaft Rückhalt hatte noch in der breiten Masse, die an die religiöse Weihe der autokratischen Zarenmacht glaubte. Sie waren zum Untergang verurteilt ... Es gereicht dem russischen Adel zu ungewöhnlicher Ehre, dass er in seiner aristokratischen Spitzengruppe die Dekabristenbewegung geschaffen hat, eine erste Freiheitsbewegung in Russland, die das revolutionäre Jahrhundert eröffnete. Das 19. Jahrhundert sollte das Jahrhundert der Revolution sein. Die Spitze der russischen Garde, eine überaus gebildete Schicht, bewies große Selbstlosigkeit. Die reichen Grundbesitzer und Gardeoffiziere konnten sich nicht mit der schwierigen Lage der leibeigenen Bauern und Soldaten abfinden. Ganz erhebliche Bedeutung für das Aufkommen der Bewegung hatte der Aufenthalt russischer Heere im Ausland nach 1812. Viele Dekabristen waren gemäßigte Leute und so genannte Monarchisten, wenn auch Gegner einer absoluten Monarchie. Sie bildeten die kultivierteste Schicht des russischen Adels. Am Dekabristenaufstand sind die Namen des russischen Hochadels beteiligt. Verschiedene Historiker weisen darauf hin, dass die Menschen der 20er Jahre, gerade die Teilnehmer der Dekabristenbewegung, härter und weniger empfindsam als die Menschen der 30er Jahre gewesen sind. In der Dekabristengeneration gab es mehr Geschlossenheit und Klarheit, weniger Unruhe und Erregtheit als in der nachfolgenden Generation. Das erklärt sich teilweise dadurch, dass die Dekabristen Soldaten waren, am Krieg teilgenommen hatten und dass das positive Ereignis des Vaterländischen Krieges hinter ihnen lag. Der folgenden Generation war die Möglichkeit zu praktischer gesellschaftlicher Wirksamkeit verschlossen, und hinter ihnen lag der Schrecken des durch Nikolaj I. grausam niedergeschlagenen Dekabristenaufstandes. Die Epochen Alexanders I. und Nikolajs I. unterschieden sich in ihrer Atmosphäre gewaltig. Die russischen Geister bereiteten sich in der Epoche Alexanders vor. Aber das schöpferische Denken erwachte erst in der Epoche Nikolajs und bildete die Kehrseite, den entgegengesetzten Pol zur Politik der Unterdrückung und Finsternis. Das russische Denken leuchtete in der Dunkelheit auf. Der erste kultivierte und freiheitsliebende Mensch in Russland war der Frei-

maurer und Dekabrist, aber er war noch kein selbstständig Denkender. Der gebildeten Schicht des russischen Adels vom Beginn des 19. Jahrhunderts eigneten aristokratische Gesinnung und Hochherzigkeit ...

Die russische Intelligenz (intelligenzija) ist ein völlig eigenes, nur in Russland existierendes geistigsoziales Gebilde. Die Intelligenz ist keine soziale Klasse, und ihre Existenz macht den marxistischen Erklärungen Schwierigkeiten. Die Intelligenz ist eine idealistische Klasse gewesen, eine Klasse von Menschen, die ganz von Ideen begeistert und im Namen ihrer Ideen zu Kerker, Katorga und Todesstrafe bereit waren. Unsere Intelligenz konnte nicht in der Gegenwart leben, sie lebte in der Zukunft und zuweilen in der Vergangenheit. Die fehlende Möglichkeit zu politischer Aktivität führte zum Bekenntnis extremster Soziallehre trotz autokratischer Monarchie und Leibeigenschaft. Die Intelligenz war ein russisches Phänomen und trug charakteristische russische Züge, sie fühlte sich aber entwurzelt. Die Entwurzelung ist vielleicht eine russische Nationaleigenschaft. Falsch ist es, nur die Treue zu konservativen bodenständigen Prinzipien für national zu halten. Auch revolutionäres Denken kann national sein. Die Intelligenz fühlte sich frei von der Last der Geschichte, gegen die sie sich erhob. Wir müssen daran erinnern, dass das Erwachen des russischen Bewusstseins und des russischen Denkens ein Aufstand gegen das kaiserliche Russland gewesen ist. Und das trifft nicht nur für die Westler, sondern auch für die Slawophilen zu. Die russische Intelligenz hat eine außergewöhnliche Fähigkeit zum ideellen Enthusiasmus bewiesen. Die Russen waren in einer Weise von Hegel, Schelling, Saint-Simon, Fourier, Feuerbach, Marx begeistert, wie kein anderer in deren Heimat es jemals gewesen ist. Die Russen sind keine Skeptiker, sie sind

Dogmatiker, alles nimmt bei ihnen religiösen Charakter an, Relatives können sie schlecht begreifen. Der Darwinismus, im Westen eine biologische Hypothese, nahm bei der russischen Intelligenz dogmatischen Charakter an, als ob es sich um die Rettung zum ewigen Leben handelte. Der Materialismus war Gegenstand religiösen Glaubens, und seine Gegner wurden zu einer gewissen Zeit wie Feinde der Volksbefreiung behandelt. In Russland bewertete man alles nach den Kategorien von Orthodoxie und Häresie. Die Begeisterung für Hegel trug den Charakter religiöser Begeisterung, und von der Hegelschen Philosophie erwartete man sogar die Lösung des Schicksals der Orthodoxen Kirche. An die phalanstères Fouriers glaubte man wie an das Anbrechen des Gottesreiches. Junge Menschen gestanden sich ihre Liebe in der Terminologie der Naturphilosophie Schellings. Dieselben Eigenschaften zeigten sich in der Begeisterung für Hegel und Büchner. Dostojewskij ging es vor allem um das Schicksal des russischen Intellektuellen, den er einen Heimatlosen der Petersburger Geschichtsepoche Russlands nennt. Er sollte die geistigen Wurzeln dieser Heimatlosigkeit entdecken. Spaltung, Abtrünnigkeit, Ruhelosigkeit, das Unvermögen, sich mit dem Gegenwärtigen auszusöhnen, die Gespanntheit auf Kommendes, auf ein besseres, gerechteres Leben – das sind charakteristische Merkmale der Intelligenz ... Die Intelligenz rekrutierte sich aus unterschiedlichen sozialen Schichten, sie war zuerst vorwiegend adlig. Der überflüssige Mensch, der reuige Adlige, dann der aktive Revolutionär, das sind verschiedene Momente in der Existenz der Intelligenz. In den 30er Jahren kam es bei uns zum Exodus aus der unerträglichen Gegenwart. Das ging einher mit dem Erwachen des Denkens ...

Als in der zweiten Hälfte des

19. Jahrhunderts sich bei uns die linke Intelligenz endgültig ausformte, nahm sie fast den Charakter eines Mönchsordens an. Hier drückte sich der tiefe orthodoxe Grund der russischen Seele aus: Auszug aus der Welt, die im Argen liege, Askese, die Fähigkeit zum Opfer, die Erduldung des Martyriums. Sie schützte sich durch Intoleranz und scharfe Abgrenzung von der übrigen Welt. Psychologisch ist sie Erbin des Raskol. Nur deshalb konnte sie die Verfolgungen überleben. Sie lebte das ganze 19. Jahrhundert hindurch in scharfem Konflikt mit dem Kaiserreich, mit der staatlichen Macht. In diesem Konflikt war die Intelligenz im Recht. Das ist ein dialektisches Moment in Russlands Schicksal gewesen. Es reifte die russische Idee heran, welche das Kaiserreich in seinem Willen zur Macht und Gewalt verraten hat ... Wirklich ungewöhnlich ist die Empfänglichkeit und Sensibilität der russischen Intelligenz gewesen. Das russische Denken sollte immer auf die Verwandlung der Wirklichkeit gerichtet sein. Erkenntnis wird mit Veränderung verbunden sein. Die Russen suchen in ihrem schöpferischen Elan das vollkommene Leben und nicht nur vollkommene Erzeugnisse. Selbst die russische Romantik strebte nicht nach Zurückgezogenheit, sondern nach einer besseren Wirklichkeit. Die Russen suchten im westlichen Denken vor allem Kraft für die Veränderung und Verwandlung der eigenen unerfreulichen Wirklichkeit, suchten vor allem einen Ausweg aus der Gegenwart. Sie fanden diese Kraft in der deutschen Philosophie und in der französischen Sozialphilosophie. Puschkin rief nach der Lektüre der „Toten Seelen" aus: „Gott, wie traurig ist unser Russland." Dasselbe hat die gesamte russische Intelligenz während des ganzen 19. Jahrhunderts ausgerufen. Und sie versuchte, aus der unerträglichen Traurigkeit der russischen

Wirklichkeit in eine ideale Wirklichkeit auszuwandern. Diese ideale Wirklichkeit war entweder das vorpetrinische Russland oder der Westen oder eine künftige Revolution. Der emotionale Hang der Russen zur Revolution wurde durch die Unerträglichkeit der Wirklichkeit, ihrer Ungerechtigkeit und Missgestalt ausgeprägt. Dabei hat man die Bedeutung der politischen Formen überschätzt. Die Intelligenz war in eine tragische Situation zwischen Kaiserreich und Volk gestellt. Sie erhob sich gegen das Kaiserreich im Namen des Volkes. Russland bildete sich im 19. Jahrhundert zu einem riesigen bäuerlichen Reich, das an die Leibeigenschaft gefesselt war, mit einem autokratischen Zaren an der Spitze, dessen Macht sich nicht allein auf militärische Stärke stützte, sondern auch auf den religiösen Glauben des Volkes, mit einer starken Bürokratie, die wie eine Mauer den Zaren vom Volk abtrennte, mit einem von der Leibeigenschaft getragenen Adel, der im Allgemeinen unaufgeklärt und despotisch war, und mit einer kleinen Bildungsschicht, die leicht zerrissen und gespalten werden konnte. Die Intelligenz wurde zwischen zwei Kräften zermahlen – der Kraft der Zarenmacht und der elementaren Kraft des Volkes. Das Urelement des Volkes erschien der Intelligenz als geheimnisvolle Kraft. Sie setzte sich in Gegensatz zum Volk, empfand ihre Schuld vor dem Volk und wollte dem Volk dienen. Das Thema „Intelligenz und Volk" ist ein echt russisches Thema, das dem Westen kaum begreiflich ist. In der zweiten Hälfte des Jahrhunderts musste die revolutionär gesinnte Intelligenz ein beinahe heroisches Dasein führen, und das verwirrte ihr Bewusstsein furchtbar, lenkte es von vielen Bereichen schöpferisch menschlichen Lebens ab, machte sie ärmer. Das Volk schwieg und wartete auf die Stunde, in der es sein Wort sagen würde. Als diese Stunde anbrach, brachte sie die Verfolgung der Intelligenz durch die Revolution, die sie fast ein ganzes Jahrhundert lang vorbereitet hatte.

Das russische Volk hat eine Neigung zum Philosophieren. Der unwissende russische Bauer stellt gern Fragen philosophischen Charakters – nach dem Sinn des Lebens, nach Gott, nach dem ewigen Leben, nach dem Bösen und der Ungerechtigkeit, danach, wie das Gottesreich zu verwirklichen sei ...

Sehr wichtig ist der Hinweis, dass das russische Denken zu totalitären Theorien und totalitären Weltanschauungen neigt. Nur solche Theorien hatten bei uns überhaupt Erfolg. Darin zeigte sich der religiöse Charakter des russischen Volkes.

Das russische Thema des 19. Jahrhunderts lässt sich so definieren: stürmischer Wille zum Fortschritt, zur Revolution, zu den letzten Errungenschaften der Weltzivilisation, zum Sozialismus und gleichzeitig ein tiefes und deutliches Bewusstsein von der Leere, der Missgestalt, der Seelenlosigkeit und dem Spießigen aller Ergebnisse des westlichen Fortschritts, der Revolution, der Zivilisation usw. Ich möchte diese historische Einführung mit den Worten von Aleksandr Newskij schließen, die man für Russland und das russische Volk als charakteristisch ansehen darf: „Nicht in der Stärke ist Gott, sondern in der Wahrheit." Die Tragödie des russischen Volkes liegt darin, dass der russische Staat diesen Worten nicht treu gewesen ist.

Um das Jahr 1917, in der Atmosphäre des unglücklichen Krieges, war alles reif für die Revolution. Das alte Regime faulte und hatte keine fähigen Verteidiger mehr. Das heilige russische Reich, von der russischen Intelligenz abgelehnt und ein ganzes Jahrhundert lang bekämpft, ging unter. Die religiösen Überzeugungen im Volk, die der absoluten Monar-

chie Halt gegeben hatten, wurden schwächer und zersetzten sich. Die offizielle Phraseologie von „Rechtgläubigkeit, Autokratie und Volksnähe" verlor den realen Inhalt, die Parolen wurden unaufrichtig und verlogen. In Russland war eine liberale, bürgerliche Revolution, die ein gerechtes System forderte, ganz utopisch, da sie den russischen Traditionen und den in Russland herrschenden revolutionären Ideen nicht entsprach. In Russland war nur eine sozialistische Revolution möglich. Die liberale Bewegung stand in Verbindung zur Staatsduma und zur Kadettenpartei. Aber sie hatte keinen Rückhalt in den Volksmassen, und es fehlten ihr begeisternde Ideen. Gemäß der russischen Mentalität konnte es nur eine totalitäre Revolution geben. Alle russischen Ideologien waren stets totalitär, theokratisch oder sozialistisch. Die Russen sind Maximalisten, und gerade das, was utopisch erscheint, ist in Russland äußerst realistisch. Bekanntlich leitet sich das Wort „Bolschewismus" von der Mehrheit auf dem Kongress der sozial-demokratischen Partei im Jahre 1903 her, das Wort „Menschewismus" von der Minderheit auf diesem Kongress. Das Wort „Bolschewismus" erwies sich als ausgezeichnetes Symbol für die russische Revolution, ungünstig aber war das Wort „Menschewismus". Für die linke russische Intelligenz war die Revolution immer sowohl Religion als auch Philosophie, die revolutionäre Idee war ganzheitlich. Das verstanden die gemäßigteren Strömungen nicht. Es lässt sich sehr leicht nachweisen, dass der Marxismus eine gänzlich ungeeignete Ideologie für die Revolution in einem Agrarland ist, mit einem erdrückenden Übergewicht an bäuerlicher Bevölkerung, einer unterentwickelten Industrie und einem zahlenmäßig geringen Proletariat. Aber die Symbolik der Revolution ist relativ, man darf sie nicht zu wörtlich verstehen.

Der Marxismus wurde den russischen Bedingungen angepasst und russifiziert. Die messianische Idee des Marxismus, welche an die Mission des Proletariats gebunden ist, wurde mit der russischen messianischen Idee vereinigt und identifiziert. In der russischen kommunistischen Revolution herrschte nicht ein empirisches Proletariat, sondern die Idee des Proletariats, der Mythos vom Proletariat. Die russische Revolution war als durchaus echte Revolution ein universaler Messianismus. Sie wollte der ganzen Welt das Heil und die Befreiung von der Unterdrückung bringen. Zwar schuf sie die größte Unterdrückung und beseitigte jegliche Freiheit, aber sie tat das in dem aufrichtigen Glauben, dies sei nur ein vorübergehendes, zur Erreichung des höchsten Zieles notwendiges Mittel. Die russischen Kommunisten, die sich weiterhin für Marxisten hielten, kehrten zu einigen Ideen des Narodnitschestwo zurück, die im 19. Jahrhundert geherrscht hatten, sie hielten es für möglich, dass Russland das kapitalistische Entwicklungsstadium vermeiden und direkt zum Sozialismus übergehen könnte. Die Industrialisierung muss sich im Zeichen des Kommunismus vollziehen, und sie vollzieht sich. Die Kommunisten standen eher bei Tkatschow als bei Plechanow, sogar eher als bei Marx und Engels. Sie leugneten die Demokratie, wie viele Narodnikies es getan hatten. Unterdessen praktizierten sie despotische Herrschaftsformen, wie sie das alte Russland kannte. Sie führten Veränderungen in den Marxismus ein, der mit der Epoche der proletarischen Revolution in Einklang gebracht werden muss, die Marx noch nicht kannte. Lenin war ein bedeutender Theoretiker und Praktiker der Revolution. Er war ein typisch russischer Mensch mit einer Beimischung von tatarischen Wesenszügen. Die Leninisten überspannten den revolutionären Willen und hielten die Welt für formbar im Sinne beliebiger Veränderungen durch eine revolutionäre Minderheit. Sie begannen, sich auf eine Form des dialektischen Materialismus festzulegen, in der der Determinismus verschwindet, der früher im Marxismus so in die Augen sprang; auch die Materie verschwindet fast, indem man ihr geistige Qualitäten zuschreibt, wie die Fähigkeit innerer Selbstbewegung, innerer Freiheit und Vernünftigkeit. Zugleich kam es zu einer heftigen Nationalisierung Sowjetrusslands und einer Rückkehr zu vielen geschichtlichen Traditionen Russlands. Der Leninismus-Stalinismus ist schon nicht mehr klassischer Marxismus. Der russische Kommunismus ist die Verkehrung der russischen messianischen Idee. Er beansprucht, das Licht aus dem Osten zu sein, das die bourgeoise Finsternis des Westens erleuchten soll. Der Kommunismus hat seine Wahrheit und seine Lüge. Die Wahrheit liegt auf sozialem Gebiet, sie eröffnet die Möglichkeit eines brüderlichen Miteinanders der Menschen und Völker und überwindet die Klassen; die Lüge aber liegt in den geistigen Grundlagen, die zu einem Prozess der Dehumanisierung führen, zur Negierung des Wertes, der jedem Menschen zukommt, zur Einengung des menschlichen Bewusstseins, was sich schon im russischen Nihilismus gezeigt hatte. Der Kommunismus ist ungeachtet der marxistischen Ideologie eine russische Erscheinung. Der Kommunismus ist das russische Schicksal, ein Moment im inneren Schicksal des russischen Volkes. Und er muss auch durch die inneren Kräfte des russischen Volkes überwunden, aber nicht vernichtet werden. In die höhere Stufe, die nach dem Kommunismus kommen wird, muss auch die Wahrheit des Kommunismus, die jedoch von der Lüge befreit ist, eingehen. Die russische Revolution hat gewaltige Kräfte des russischen Volkes geweckt und freigesetzt.

BILDNACHWEIS

EMB Archiv, Luzern: 30, 31, 35, 62, 63, 90, 97, 100, 102, 115, 127, 137, 165, 173

Ikonen-Museum, Recklinghausen: 93, 99

Sun-Studio, Paris/Tokyo: 11, 87

Alle nicht erwähnten Bilder hat der Autor zur Verfügung gestellt.

INDEX